기독교문서선교회(Christian Literature Center: 약칭 CLC)는 1941년 영국 콜체스터에서 켄 아담스에 의해 시작되었으며 국제 본부는 미국 필라델피아에 있습니다. 국제 CLC는 59개 나라에서 180개의 본부를 두고, 약 650여 명의 선교사들이 이동도서차량 40대를 이용하여 문서 보급에 힘쓰고 있으며 이메일 주문을 통해 130여 국으로 책을 공급하고 있습니다. 한국 CLC는 청교도적 복음주의 신학과 신앙서적을 출판하는 문서선교기관으로서, 한 영혼이라도 구원되길 소망하면서 주님이 오시는 그날까지 최선을 다할 것입니다.

추천사 1

이 지 성
베스트셀러 작가

대한민국 국호와 헌법을 제정한 대한민국 제헌국회 제1회 제1차 본회의 속기록은 이렇게 시작하고 있다.

> 임시의장 이승만 : "대한민국독립민주국 제1차 회의"를 여기서 열게 된 것을 우리가 하나님에게 감사해야 할 것입니다. 종교 사상 무엇을 가지고 있든지 누구나 오날을 당해 가지고 사람의 힘으로만 된 것이라고 우리가 자랑할 수 없을 것입니다.
> 그러므로 하나님에게 감사를 드리지 않을 수 없읍니다. 나는 먼저 우리가 다 성심으로 일어서서 하나님에게 우리가 감사를 드릴 터인데 이윤영 의원 나오셔서 간단한 말씀으로 하나님에게 기도를 올려 주시기를 바랍니다.

이 속기록을 보면서, 나는 대한민국이라는 나라가 전적으로 하나님의 은혜로 세워졌음을 알게 되었다. 실제로 지금 우리가 누리고 있는 자유와 인권 등 모든 것은 성경에 기반을 두고 있다.

즉, 대한민국은 성경적 가치를 충실히 지켜나갈 때 존속하고 번영할 수 있는 국가이다.

그런데 천만 관객을 돌파한 영화들은 대부분 그 안에 반(反)성경적이고, 반(反)대한민국적인 메시지를 숨기고 있다. 나는 이런 영화들이 대중의 열광적인 지지와 성원을 받을 때마다, 이러다가는 대한민국이 해체되고야 말겠다는 위기의식을 느끼곤 했다.

그러나 손지형 작가의 원고를 읽으면서, 이런 생각에 희망을 품게 되었다.

하나님께서는 대한민국 곳곳에 당신의 사람들을 세워놓으셨구나!

하나님께서 앞으로 손지형 작가를 통해 하실 일들이 기대된다.

부디, 본서가 대한민국 국민, 특히 그리스도인들의 필독서가 되었으면 한다.

추천사 2

윤 학 렬
영화 감독, (주)하세 대표

사도 바울에게 로마 시민권이 유럽을 복음화시켰던 도구였듯이, 지금 이 시대 사람의 마음을 빼앗는 도구는 영상미디어이다. 이런 영상미디어는 빛의 도구가 되기도 하고 어둠의 도구가 되기도 한다. 갈등하고 긴장하고 잔인하고 살인과 중독과 음란 등을 그리는 세상의 이야기는 너무나 쉽게 우리 마음의 주인이 되고 만다.

왜 이러한 일들이 가능할까?

바로 미디어가 이 시대의 도구이기 때문이다.

"신생아가 태어나면 공기와 함께 Wi-fi를 흡입한다"라고 한다. 우리의 미래 세대인 알파세대는 더욱 미디어 친화적인 신인류가 될 것이다.

부흥의 시대이다!

용서의 시대이다!

그와 동시에 인간의 욕망이 인권이란 이름으로 포장되는 소돔과 고모라의 합법화 시대이다. 무엇이든지 편리하게 해결해 주는 챗GPT(ChatGPT) AI(인공지능) 글라스는 가상 현실의 스크린 타임이, 삶의 일부분이 되고 있다.

호모 미디어쿠스의 시대!

그렇기에, 영적 분별력만큼 중요한 것은 없다.

바로 이때, 그리스도인으로 올바른 가치관, 즉 영적 분별력을 극대화할 수 있는 귀한 책이 출간되었다. 바로 손지형 작가의 『**한국 영화 속 감춰진 충격적 세계관**』이란 책이다.

투명 비어커(Beaker)에 개구리를 담고 알콜 램프로 가열하면, 양서류인 개구리는 차가운 물이 서서히 가열되는 것을 체감하지 못한 채, 결국에는 몸이 삶아져 죽음을 맞이하게 되지만, 끝내 자신이 죽는다는 사실을 마지막까지 인지하지 못하는 영상 실험이 있다.

이것과 유사한 것이 문화 파급력이다. 문화는 사람의 마음과 정신을 빼앗아 간다. 거짓도 반복되는 '알고리즘'에 의해 거짓이 진리인 것처럼 호도될 수도 있다.

손지형 작가는 본인의 저서를 프롤로그와 에필로그, 그리고 그 안에 셋업, 시츄에이션, 이모션(감정)의 '3막 구조'로 구성했다. 발단, 전개, 위기, 절정, 결말의 '극적 구성'이다.

본서가 가진 가장 큰 장점 중의 하나는, '객관화란 작업을 통해 우리에게 선택할 콘텐츠에 대한 최소한의 표준점을 제시한다'라는 점이다.

세계관은 자신이 바라보는 시선과도 같은 것이다. 그리고 문화막시즘(Cultural Marxism)에 대한 올바란 정의를 가름한다. 모든 영상예술은 심볼리즘, 상징 언어의 감추기 작업이다. 즉, '창작자의 세계관이 어떤 것인가'를 설명한다.

그리고 영화에 무지한 일반인들에게 배급과 흥행이란 상업적인 상품의 구조도 알려준다. 영화는 예술이기 이전에 대중이 소비하는 상품이다. 이러한 대중의 소비력에 맘몬이 지배하는 상업 영화와 기독교 영화의 상대적인 박탈감도 언급하고 있다.

또한, 본격적으로 큰 반향을 끼친 작품들의 실재적인 파급력을 진단하고 그 영화에 감춰진 사상들과 위악성까지도 가름한다.

마지막 장에서는 이 나라와 이 땅에 대한 비전을 제시하기까지 한다.

한마디로 다윗 손에 쥐어진 물맷돌 같은 글이 아닐 수 없다. 성경 사무엘상의 잘 알려진 "다윗과 골리앗의 싸움은 '거인 대 어린아이'의 싸움"이 아니다. 블레셋과 이스라엘의 싸움이 아니다.

세상 문화와 기독교 문화 싸움이다!

이념과 가치 정신의 싸움이기도 하다. 세상이란 거대한 물결, 맘몬이란 넘지 못할 것 같은 상업주의와 외롭게 맞서야 하는 본질과 비본질의 영적 전쟁을 그린 것이다. 다윗은 모두의 예측을 뛰어넘어 골리앗을 쓰러뜨린다.

그 힘은 바로 **'여호와의 이름'**이었다.

다른 상징 언어로는, **'예수 그리스도, 피의 힘'**이다.

전 세계적으로 차별금지법이 통과된 세상이 되었다. '인권'이란 이름 아래

온 세상에 동성애가 만연하다. 이스라엘의 수도 텔아비브에서 매년 5월에 가장 크고 화려한 동성애 축제가 벌어진다. 미국의 바이블 뮤지엄(Museum of the Bible)조차 층별 화장실에 남성, 여성 이외에 26개의 성을 인정하는 젠더 화장실이 만들어져 있다.

반기독교 캐릭터, 즉 사기꾼 목사나 부도덕한 기독교인을 그리면 시청률이 3퍼센트 반등하고, 동성애자 캐릭터를 넣으면 무려 7퍼센트 반등하고, 묻지도 따지지도 말고 12초당 한명 꼴로 사람이 죽어 나가면, 기본 10퍼센트 이상의 시청률이 오른다고 한다.

손지형 작가의 『한국 영화 속 감춰진 충격적 세계관』은 다음세대, 죽어 있는 마른 뼈들에게 생기를 대언하고 있다.

청년이여, 부흥을 노래하라!
청년이여, 그리스도를 갈망하라!
청년이여, 바로 자기 자신이 부흥자임을 선포하라!

이것이 지금 이 시대를 살아가는 기독교인의 문화적 사명이다. 본서가 보다 많은 청년에게 읽히기를 기도한다. 예시로 언급한 영화들을 직접 보고, 이 책을 읽는 것도 또 다른 유익일 듯하다.

모든 지킬 만한 것 중에 더욱 네 마음을 지키라 생명의 근원이 이에서 남이니라
(잠언 4: 23).

추천사 3

정소영
미국 변호사, 세인트폴세계관아카데미 대표

 현대인들은 미디어 콘텐츠의 홍수 속에서 살아간다.

 그런데 쉴 새 없이 쏟아져 나오는 정보와 문화 콘텐츠들을 무분별하게 받아들이게 될 때, 우리의 마음(지성, 감정, 의지)은 어떤 변화를 겪게 될까?

 사람들의 의식과 무의식 속에 뿌려진 메시지의 씨앗들은 뿌리를 내리고 자라나서 '실제(Reality)에 대한 믿음'을 형성한다. 이러한 믿음을 '세계관'이라고 한다.

 특히, 오늘날에는 미디어를 통해 사랑의 의미를 배우고, 미디어를 통해 역사를 배우고, 미디어를 통해 옳고 그름을 판단하는 기준을 세우면서도 미디어가 제공하는 메시지들을 아무런 비판없이 '실제'(Reality)로 받아들이는 사람들이 너무도 많다.

 그런데 '과연 그러한가?'라며 의문을 던지는 책이 나왔다.

 『한국 영화 속 감춰진 충격적 세계관』은 여러 가지 미디어 콘텐츠 중에서 '영화'라는 분야를 선택하여 영화를 통해 세계관이 어떻게 형성되고, 그것이 사람들의 삶에 어떤 영향력을 미치는지 분석하고 있다.

무엇보다 영화가 묘사하고 있는 사람들과 세상이 현실 속 우리의 경험과 어떻게 다른지, 또한 우리가 지향해야 할 방향은 무엇인지에 대해 진지한 질문을 제기하고 있다. 세계관에 대해 공부하는 이유는 단지 이론적인 지식을 습득하는 데 있는 것이 아니라 그 지식을 자신의 삶 속에 적용하여 실질적으로 삶을 바꾸는 데 있다.

그런 의미에서 본서는 작가가 공부한 세계관에 대한 지식을, 자신이 몸담고 있는 문화계라는 분야에서, '어떻게 적용해 볼 수 있을까' 고민하고 애쓴 결과물이다.

오늘날 문화계의 현실은 마치 모든 미디어가 기독교를 적대시하고 교회를 다니는 사람들을 악마화하는데 온 힘을 다하기로 약속이나 한 것처럼 보일 정도이다.

게다가 이런 반성경적이고 반기독교적인 콘텐츠들이 너무도 세련되고 매력적으로 포장되어 있기 때문에 그리스도인들조차 미디어가 주입하고자 하는 은밀하고 악한 메시지들을 알아차리지 못하는 경우가 허다하다.

이런 암울한 시대에 한 젊은이가 가장 치열한 영적 전투의 현장인 문화계에서 성경적 세계관의 관점으로 문제의식을 느끼고, 그것을 해석하고, 해결해 보려고 노력했다는 점에서 본서는 매우 의미가 크다고 생각한다.

아무쪼록 본서가 문화산업에 종사하는 분들뿐만 아니라 매일 문화를 소비하고 있는 모든 분에게 큰 도전이 되길, 그리고 골리앗과 같이 거대한 세속문화 속에서 **'영혼을 살리는 다윗의 작은 물맷돌 하나'**가 되길 진심으로 바란다.

이 태 희
그안에진리교회 담임목사

창세기 41장에 보면, '바로의 꿈 이야기'가 나온다. "흉하게 마른 일곱 암소가 아주 아름답게 살진 일곱 암소를 잡아먹는 꿈"이었다. 연이어서 두 번째 꿈을 꾸게 된다. "가늘게 말라비틀어진 일곱 이삭이 무성하게 자란 일곱 이삭을 다 삼켜버리는 꿈"이었다.

나는 이 환상이 하나님께서 오늘날 한국 교회에게 보여 주시는 환상이라고 생각한다. 현재 한국에서는 사회의 근간을 뒤흔들 만한 아주 심각한 변화들이 진행되고 있다. 흉하게 마른 암소가 아름답게 살진 일곱 마리 암소를 다 삼켜버렸던 것처럼, 건강하고 아름다운 우리의 가정과 교회, 학교와 사회를 삼켜 버리기 위한 파상공세가 펼쳐지고 있는 실정이다.

이런 상황 속에서 한국 교회가 우리 사회의 현실을 똑바로 직시하고 요셉과 같은 선지자적 사명을 감당하지 못한다면, 앞으로 한국 교회와 사회는 '혹독한 흉년'을 맞이하게 될 것이다.

이 싸움에서 우리가 승리하기 위해서 한국 교회는 우리의 문화 속에서 펼쳐지고 있는 세계관의 전쟁을 이해해야 한다.

세계관은 한마디로 세상을 바라보고 이해하는 "관점"이다. 그런데 세계관은 이 세상에 대한 특정한 관점을 제공하는 것으로 그치지 않고, 그 관점에 기초한 세상을 만들어 가도록 우리를 이끌어 간다.

그와 같은 세계관의 열매가 바로 "문화"이다. 문화는 이 세상을 지배하고 있는 세계관을 드러내는 "창문"과도 같다.

손지형 감독이 쓴 **『흥행 속에 감춰진 충격적인 세계관』**은 이런 사실을 우리에게 잘 설명해 주고 있다.

영화는 우리의 의식과 무의식의 세계에 엄청난 영향력을 끼친다. 그러므로 영화 안에 담긴 세계관은 부지불식간에 그 영화를 시청하는 사람들의 관점과 생각에 영향을 끼칠 수밖에 없다. 그렇기 때문에 영화는 세계관의 전쟁에서 가장 중요한 무기로 사용되고 있는 것이다.

손지형 감독이 한국 교회와 성도들에게 꼭 필요한 책을 써 주었다. 이 책은 문화를 통해 이 세상을 삼키려고 하는 사탄, 마귀의 간계를 간파할 수 있도록 도와줌으로써 문화 속에서 치열하게 펼쳐지고 있는 영적 전쟁에서 승리할 수 있도록 도와줄 것을 확신한다.

그러므로 한국 교회 성도들에게 일독을 추천한다.

한국 영화 속 감춰진 충격적 세계관

The Shocking Worldview in a Korean Film
Written by Luke Son
All rights reserved.
Korean Edition Copyright ⓒ 2023 by Christian Literature Center, Seoul, Korea.

한국 영화 속 감춰진 충격적 세계관

2023년 11월 15일 초판 발행

지 은 이 | 손지형

편　　집 | 임동혁
디 자 인 | 이승희, 최소희(표지 디자인)
펴 낸 곳 | (사)기독교문서선교회
등　　록 | 제16-25호(1980. 1. 18.)
주　　소 | 서울특별시 동대문구 천호대로71길 39
전　　화 | 02-586-8761~3(본사) 031-942-8761(영업부)
팩　　스 | 02-523-0131(본사) 031-942-8763(영업부)
이 메 일 | clckor@gmail.com
홈페이지 | www.clcbook.com
송금계좌 | 기업은행 073-000308-04-020 (사)기독교문서선교회
일련번호 | 2023-101

ISBN 978-89-341-2616-4 (03230)

이 책의 출판권은 (사)기독교문서선교회가 소유합니다.
신저작권법에 의하여 한국 내에서 보호를 받는 저작물이므로 무단 전재와 무단 복제를 금합니다.

한국 영화 속 감춰진

손지형 지음

충격적
세계관

CLC

목 차

추천사 1 **이 지 성** 베스트셀러 작가 · 1
추천사 2 **윤 학 렬** 영화 감독, (주)하세 대표 · 3
추천사 3 **정 소 영** 미국 변호사, 세인트폴세계관아카데미 대표 · 7
추천사 4 **이 태 희** 그안에진리교회 담임목사 · 9

프롤로그 · 16

Part 1 | 대중의 선택 받은 한국 영화와 세계관 · 22

제1장 세계관이란 무엇인가? · 23
제2장 대중영화 속 문화막시즘의 영향력 · 32
제3장 영화는 곧 감독의 세계관 · 38
제4장 배급과 흥행의 관계 · 41
제5장 천만 관객의 상업 영화와 십만의 기독교 영화 · 55

Part 2 | 메시지를 통해 침투하는 세계관 · 70

제1장 동성애는 아름다운 것이라 말하는 〈왕의 남자〉 · 77
제2장 미국을 괴물로 만들어버린 〈괴물〉 · 106

제3장 노무현을 대변하는 〈변호인〉	135
제4장 외면받는 우리 아버지의 이야기 〈국제시장〉	150
제5장 공산주의자 김원봉과의 연합 〈암살〉	176
제6장 기업을 사회악으로 치부해버리는 〈베테랑〉	194
제7장 이승과 저승을 오가는 〈신과 함께〉	212
제8장 자본주의에 회의를 느낀 〈기생충〉	236

Part 3 | 크리스천이 가져야하는 문화적 사명   261

제1장 선택 받은 민족, 대한민국!	262
제2장 영화 산업 구조의 변동과 유튜브	275

에필로그   288

참고 문헌 & 인용 자료   295

프롤로그

카페에 앉아 글을 쓰고 있다보면 양옆, 앞뒤에서 하하호호 즐겁게 나누는 대화가 들립니다.

"그 영화 봤어?"
"나는 연기가 별로 였어, 누가 나온다는데?"

흔히들 말하는 좋은 영화란 무엇일까요?
관객 수가 많으면 좋은 영화일까요?
제작비가 많이 들어간 영화가 좋은 영화일까요?
스토리 구성이 탄탄하게 짜여져 있는 영화가 좋은 영화일까요?
혹시 이 모든 것이 완벽할수록 좋은 영화라고 생각하시나요?

요즘과 같은 문화와 즐길거리가 많은 세상에서 영화는 우리에게 소소한 행복을 가져다줍니다. 신조어 '소확행'(소소하고 확실한 행복)이라는 말이 새롭게 탄생할 정도로 한국 사람들의 가치관이 많이 바뀐 것 같습니다.

코로나 팬데믹으로 인해 영화관을 가지 못했던 삼 년이라는 시간이 지나고, 영화관이 다시 활기를 찾고 있는 듯 하나, 넷플릭스, 왓챠, 티빙, Wavve, 시리즈온를 비롯한 다양한 OTT 플랫폼에서 서로 "자신의 영화들이 좋다"며 우리의 시간을 유혹하고 있습니다.

거대 자본을 투자한 넷플릭스와 같은 OTT 플랫폼으로 몰리게 되면서 완성도 있는 콘텐츠가 끊임없이 생산되고 있습니다. 넷플릭스의 양질의 콘텐츠를 싼 가격에 누구나 손쉽게 접할 수 있습니다. MZ세대가 드라마와 영화 속 세상에 몰입하게 되면, 그저 킬링타임으로 끝나지 않습니다.

힘든 세상살이로 인해 메마른 심령을 적셔줄 수 있는 단비와 같다고 할까요?

이제 절제하고 싶어도 끊을 수 없게 되었습니다.

여러분의 시선은 어디를 향하고 있습니까?

흔히 "몸이 있는 곳에 마음이 있다"라고 말합니다. 마찬가지로 내 시선이 무엇을 주목하며, 무엇을 따라가고 있는지 안다면 나의 마음이 어디에 있는지 알 수 있습니다.

이 시대는 내가 가치있게 여기는 것이나 하고 싶은 어떤 한 가지에만 시선을 집중한다는 것이 참으로 쉽지 않은 것 같습니다. 어떤 일이든 본질에만 집중하여 몰입할 수 없도록 시선을 빼앗아 나의 마음을 지배하고 있는 영역들이 각자에게 있다는 것입니다.

저는 시선을 빼앗고 영향력을 행사하는 영역 중 하나가 '미디어'(media)라고 생각합니다. 미디어가 마약이나 술과 담배, 포르노와 같은 중독성 강한 쾌락보다도 무서운 이유는 도덕적으로 악하다고 하지 않는 영역이기 때문입니다. 영화를 보는게 죄라고 생각하지 않습니다. 저 또한, 미디어를 보고 즐기는 것이 문제라고 생각하지는 않습니다.

다만 우리의 시선이 미디어에 빼앗기기 시작할 때, 몸 안에서 도파민이 분비되어 점점 더 높은 수위의 쾌락을 요구하게 됩니다. 결국, 절제할 수 없는 중독의 상황까지 가게 되는 것입니다. 예수님도 "마음으로 음욕을 품는 자는 간음한 죄를 저질렀다"(마5:28)고 말씀하셨습니다.

최근 흉악한 살인 사건의 시작이 범죄 영화로 시작된 것이라면 믿으시겠습니까?

마음에서 시작된 미움의 감정이 살인까지 가는 것은 이미 범죄 프로파일링을 통해 증명된 사실입니다. 그래서 예수님은 우리의 시선을 하나님 나라의 영광과 거룩에 두라고 그토록 강조하셨습니다.

우리의 시선을 지키기 위해서는 영화들에 교묘히 감춰진 세계관을 분별할 줄 알아야 합니다.

오늘날은 온갖 죄악의 행위들을 통해 권선징악의 교훈을 주는 것으로는 더 이상 관객에게 주목받지 못합니다. 감독은 예술이라는 매체를 활용하여 전달하고자 하는 메시지를 좀 더 교묘하고 상징적으로 표현해 내는 수준이 높아졌습니다.

그뿐만 아니라, 철학, 인문학, 사회학, 인류학, 과학의 지식인, 평론가들이 주장하는 탁월한 영화 평론은 어쩌면 감독보다 더 풍성한 해석을 내놓기도 합니다. 대중에게 영화에 대한 전문 분야의 해석들을 풀어내니 관객들의 눈도 높아졌습니다. 일반인들도 기술적인 탁월함에 대해 평가하며 스토리의 구성은 어떠한지, 배우의 연기는 어땠는지, 비전문가의 전문적인 지식이 감탄할 만큼 크게 증가한 것도 사실입니다.

그러나 안타까운 사실 중 하나는, 기독교적인 관점에서 재해석하는 사람은 찾아보기 힘든 것 같습니다. 사도 바울은 "십자가의 도가 멸망하는 자에게는 미련한 것이요 구원을 받은 우리에게는 하나님의 능력"(고전 1:18)이라고 했습니다. 저는 이 말씀에 감동되어 본서를 집필했습니다.

미디어는 우리의 많은 시간을 빼앗아갔어!
영화를 보는 것은 우리의 영혼에 이롭지 않아!
혹시 이와 같은 생각을 하고 계신가요?

바이러스가 우리 몸에 침투했을 때 면역이 있으면 막아낼 수 있듯이 분별할 수 있는 지식이 있으면 우리 영혼을 보호할 수 있습니다.

거대 자본이 투입된 블록버스터급 영화를 우리는 즐기고 누릴 수 있는 시대를 살고 있습니다. 힘들고 지친 우리 삶을 영화 한 편으로 힐링할 수 있습니다. 영화를 통해 우리의 올바른 역사관을 학습할 수 있다면 미디어의 소비를 반대할 이유는 없겠지요.

바이러스에 걸리지 않기 위해 노력하는 것이 아니라 바이러스를 막을 수 있는 면역을 키우는 것은 어떨까요.

오히려 면역을 키우고 영화를 더 많이 본다면 우리의 지식과 감정이 더욱 풍부해질 것입니다.

대부분의 한국 사람은 보이는 것에 영향을 받습니다. 눈에 보이는 세상이 '진짜'라고 믿고 살아가는 분들을 위해 본서를 준비하면서, 비기독교인의 소구점을 찾으려고 많은 노력을 했습니다. 차갑지도 뜨겁지도 않은 "물에 물 탄 듯 술에 술 탄 듯한" 작가의 스탠스는 메시지의 선명도가 흐려질테니, 저의 색채가 짙게 묻어나도록 쓰려고 노력했습니다.

본서는 일반인들에게 영화를 보는 새로운 관점으로 받아들여 질 수도 있겠고, 그리스도인의 관점에서 영화의 메시지가 성경에 어떻게 반하는지 보여줍니다.

저는 영화학도였을 당시 보이는 기술적인 부분에 주목했고, 예술적이고 미적인 부분에 열광했던 '어리석은 영화인'이었습니다. 그러나 지금은 하나님을 경험하고, 성경적 세계관으로 바뀌어 가면서 제가 영화 공부를 해야 했던 이유와 목적을 점차 깨달아 가고 있습니다.

끝으로, 독자들의 공감을 돕기 위해 한국 영화 중 천만 관객을 돌파한 흥행작들을 골라 서술했습니다. 천만 관객 영화는 국민 '네 명 중 한 명은 봤다'라고 할 수 있을 만큼 영화 업계에서는 이슈가 되는 사건입니다. 고령자와 어린아이들을 제외한다면 안 본 사람이 드물다고 볼 수 있습니다.

본서를 통해 소개되는 여덟 편의 영화를 보신 적이 있다면 공감되는 내용이 되실 줄 믿습니다.

Part 1

대중의 선택 받은
한국 영화와 세계관

제1장 　세계관이란 무엇인가?

제2장 　대중영화 속 문화막시즘의 영향력

제3장 　영화는 곧 감독의 세계관

제4장 　배급과 흥행의 관계

제5장 　천만 관객의 상업 영화와 십만의 기독교 영화

제1장
세계관이란 무엇인가?

일 년에 약 팔백 편의 영화가 개봉되며, 일 주에 평균적으로 약 열다섯 편이 개봉된다. 개봉 편수는 매년 증가하고 있는 추세다.

최근 오 년간의 통계를 보면, 연간 전체 관객 수는 약 2억 1,700만 명이다.

무려 2억 1,700만 명이라니!

많은 한국인이 '문화여가'라는 명목으로 영화라는 매체를 통해 크고 작은 영향을 받고 있다. 연말과 연휴에, 명절 때 가족과 친구끼리 영화를 보고 영화관을 나오면서 여러 가지 반응이 다 다르다.

"몰입해서 시간 가는 줄도 몰랐다"라는 사람, "배우의 신들린 연기 때문에 헤어 나오지 못했다"라는 사람, "장면 장면마다 아름다운 그림에 감동했다"라는 사람, "너무 웃겨서 배꼽이 빠지는 줄 알았다"라는 사람, "어릴 적 시절을 회상하면서 눈물을 흘렸다"라는 사람 등 다양한 반응을 예상할 수 있다.

보통 대부분의 관객은 영화의 표면적인 메시지와 보이는 화면으로 영화를 감상하고 평가한다. 이는 '깊이 있게 생각하지 않는다'라는 것이다. 쉬는 날 즐기기 위해 보는 것인데 생각하고 분별해야 한다면 영화를 보는 목적에 부합하지 않는다. 돈과 시간을 소비하면서까지 영화를 볼 이유가 없는 것이다.

전 세계적으로 수많은 콘텐츠, 특히, 영화 콘텐츠들이 쏟아져 나오고 있다.

영화를 보고 나서 내 머릿속에 남는 여운이 무엇인지 생각해 본 적이 있는가?

영화를 통해 재밌고, 슬프고, 화나고, 지루하다고 느껴진 여러 가지 감정 이면에, 혹시 또 다른 메시지가 무엇인지 궁금해진다면 본서는 유익할 것이라 믿는다. 책을 시작하면서 한 가지 화두는 바로 이것이다.

영화에 대한 표면적인 감정을 넘어 감독이 관객인 나에게 전달하고 싶었던 '진짜 메시지'는 무엇인가?

'세계관'이란 무엇인가?

모든 사람은 각자만의 세계관을 가지고 있다. 말 그대로 세계를 보는 관점을 말하다. 어린 시절부터 살아온 배경과 성장 과정 속에서 하나님께서 허락하신 문화와 사람을 통해 각 사람에게 정착되는 것이다.

『기독교 세계관』의 저자 김민호 목사는 '세계관이란 세상을 보는 전제'라고 표현한다. 여기서 전제를 선글라스에 비유해 어떤 색깔의 선글라스를 쓰고 있느냐에 따라 세상이 빨간색으로 보이기도 하고, 파란색으로 보이기도 하고, 초록색으로 보이기도 하는 것이라고 말한다.

모두는 어떤 전제를 가지고 세상을 해석한다. 어떤 문제를 놓고 판단할 때, 각자만의 기준이 있다는 뜻이다.

'당대 최고의 기독교 세계관 교과서'라고 인정받는 제임스 사이어(James W. Sire, 1933-2018)의 『기독교 세계관과 현대사상』에서는 세계관을 이렇게 정의한다.

> 세계관이란, 이야기 형태로, 혹은 실재의 근본적 구성에 대해 우리가 (의식적으로든 무의식적으로든, 일관적이든 비일관적이든) 보유하고 있는 일련의 전제(부분적으로 옳거나 완전히 잘못된)로 표현되는 것으로서, 우리가 살고 움직이고 몸 담을 수 있는 토대를 제공해 주는 하나의 결단이요 근본적인 마음의 지향이다.

책에서는 위의 정의를 풀어서 설명하고 있다. 이 책에 대해 조금만 더 얘기하자면 각 세계관(기독교 유신론, 이신론, 자연주의, 허무주의, 실존주의, 동양 범신론적 일신론, 뉴에이지 포스트모더니즘)을 일곱 가지 질문에 대한 본질적이고, 근본적인 대답을 다루고 있다.

또한, 이 시대의 사람들에게 올바른 가치관이 무엇인지 명확하게 제시하고 있으며, 다원주의 사회에서 수많은 세계관을 어떻게 정리할 수 있는지 기독교적 관점에서 논리를 펼치고 있다.

그 일곱 가지 질문은 다음과 같다.

첫째, 진정으로 참된 최고의 실재는 무엇인가?
둘째, 외부의 실재 즉 우리를 둘러싼 세계의 본질은 무엇인가?
셋째, 인간은 무엇인가?
넷째, 인간이 죽으면 어떤 일이 일어나는가?
다섯째, 지식이 가능한 까닭은 무엇인가?
여섯째, 무엇이 옳고 무엇이 그른지 어떻게 알 수 있는가?
일곱째, 인간 역사의 의미는 무엇인가?

비관론자의 세계관은 세상에서 발생하는 모든 사건을 비판적인 시각으로 보는 것이고, 낙관론자는 주변에서 벌어지는 모든 일을 긍정적인 시각으로 보는 것이다. 유물론과 유심론, 인본주의 철학도 마찬가지이다.

인본주의 세계관을 가지고 있는 사람은 자신의 경험을 바탕으로 문제를 바라보고 판단한다. 인본주의자에게는 가치 판단의 기준이 인간 중심이며, 인간의 경험을 바탕으로 옳고 그름을 평가한다.

반면, 유신론과 신본주의적 세계관을 가지고 있는 절대 기준 가치를 자기가 믿는 신의 관점에 둔다.

기독교인의 경우 '진리'라고 믿는 성경이 무엇이라고 말하는가?

그것이 옳고 그름을 판단하는 절대 기준이 되는 것이다.

무신론자 또는 기독교가 아닌 타종교를 가지고 있는 사람에게 복음을 전할 때를 상상해 보자.

> 하나님이 세상을 이처럼 사랑하사 독생자를 주셨으니 이는 그를 믿는 자마다 멸망하지 않고 영생을 얻게 하려 하심이라 (요 3:16).

성경 말씀을 '절대 진리'라고 인식하는 기독교인에게 이 말씀은 하나님께서 나를 얼마나 사랑하시는지 알 수 있는 성경의 핵심 구절이라고 생각되지만, 성경을 단 한 번도 접해 보지 못한 사람에게는 눈에 보이지 않는 하나님이 어떻게 독생자를 우리에게 보내주시고, 실제로 죽어 보기 전에 영생이라는 것이 있는지 '절대 알 수 없다'는 반응이 나온다. 이는 각자만이 가진 세계관을 바탕으로 다양한 반응이 나온 것이다.

세계관이 다른 사람은 갈등할 수밖에 없다. 정치인들이 진영 논리를 내세우며 서로 물고 뜯고 그토록 싸우는 이유도 세계관이 다르기 때문이다. 세대 간에 소통이 안 되는 이유도 바로 세계관이 다르기 때문이다.

세계관에 대해 자세히 설명하는 책들은 많이 있으니, 이 같은 세계관에 대해 더 알고 싶다면 여러 책을 참고해 보면 유일할 것이다.

영화를 볼 때도 마찬가지이다. 세계관에 따라서 가치 판단의 기준이 각자 다를 수밖에 없다. 이 시대 한국 사회는 세대 간 소통이 잘되지 않아 갈등이 점점 더 심해지고 있다. 같은 MZ세대 중에서도 M세대와 Z세대가 나뉘어 서로를 증오하는 시대가 되었다.

이러한 시대에 2014년 윤제균 감독의 〈국제시장〉은 전쟁 세대와 베이비붐 세대(지금의 기성세대)의 갈등이라는 점에서 주목할 만하다. 1,400만 명이 넘는 관객이 관람하여 2023년 기준 역대 4위의 흥행 순위를 기록하고 있는 영화이다.

영화배우 황정민의 배역 '덕수'라는 인물은 1950년대 태어나 격동의 대한민국을 살아온 우리 시대의 아버지이자 어른이다. 이 인물을 바라볼 때 전쟁 세대의 관점과 베이비붐 세대의 관점이 너무나도 다르다. 물론 영화는 전쟁 세대의 관점에서 서술했다.

돌이켜보면 일생 동안 자신을 위해 살아본 적이 없다. 한국 전쟁과 베트남 전쟁에 파병되어 목숨을 바쳤고, 부모님을 도와 동생들의 가장 역할을 해온 세대지만, 베이비붐 세대는 참으로 아비의 마음을 몰라준다.

그렇다면, 지금의 기성세대를 '후레자식'이라 해야 하는가?

하지만 후대인 베이비붐 세대는 입장이 다르다. 전쟁을 겪어보지도 않았고, 동생들을 먹여 살려야 하는 책임감을 가져본 적이 없다. 아버

지의 책임감을 알 리가 없는 이들에게 '덕수'라는 인물은 소위 말하는 '꼰대'로 비칠 수 있는 것이다.

인본주의는 각자의 경험과 이성이 가치 판단의 기준이고, 이를 근거로 옳고 그름을 판단한다. 인본주의자의 관점에서는 "독불장군 같은 아버지 세대가 자식에 대한 배려가 없다"라고 주장할 지 모르겠다.

그렇다면, 이 세대 간의 갈등에 대해 기독교 세계관의 관점에서는 어떻게 바라볼 수 있을까?

기독교의 가치 판단의 절대 기준은 성경이다. 성경을 통해 기독교적 해석을 무엇인지 알 수 있다. 〈국제시장〉에 대한 성경적 세계관은 본서의 "Part 3. 메시지를 통해 침투하는 세계관"에서 자세히 다뤄보기로 하겠다.

영화는 감독의 세계관에 따라 영화의 방향이 결정된다. 캐릭터의 말 한마디, 소품 하나까지도 인본주의 세계관의 영향을 미칠 수밖에 없는 것이다.

이해를 돕기 위해 조금 더 쉽게 설명하자면, 특히 최근의 할리우드 영화나 유럽의 영화들을 보면 성소수자를 메인 주제(Main Theme)로 다루는 영화들도 많지만, 메인 주제나 직접적인 메시지가 아님에도 불구하고 많은 영화에 이미 알게 모르게 동성애의 코드가 꼭 들어가 있는 것이 사실이다.

대중이 환호하는 영화는 자신의 세계관을 직접적으로 드러내지 않는다. 교묘하게 더 잘 감추어질수록 관객은 더욱 반응한다. 이는 심리적인 요인도 있다. 대중은 '청개구리 심보'를 가지고 있다. "내가 하고 싶은 말은 이거야!"라고 외칠수록 청자는 거부한다.

이것이 드라마와 영화의 차이이기도 하다. 드라마는 대사가 더 직설적이다. 예를 들어, 배신을 당한 어떤 캐릭터가 있다고 치자. 막장 드라마에서 불륜에 대한 주제를 흔히 다루는데, 내가 바람피운 남편에게 말한다. 그럴 때 이처럼 자신의 감정을 직설적으로 표현하는 대사가 특히나 많다.

"니가 어떻게 나 말고 다른 여자랑 바람을 필 수가 있어? 이 나쁜 새끼야."

반면, 영화는 극 중 인물의 행위를 통해 그 사람이 왜 나쁜 사람인지에 대하여 캐릭터에 대한 평가를 관객에게 맡긴다. "백문이 불여일견"이라는 말처럼 대사를 백 번 듣는 것보다 나쁜 행위를 한 번 보는 것이 어쩌면 더욱 효과적이다.

감독의 세계관을 알면 영화의 더 깊이 있는 해석이 가능해진다. 또한, 관객은 자신의 관점에서 영화를 재해석할 수 있게 되는 것이다. 관객은 감독이 전달하고자 하는 메시지를 무분별하게 받아들이는 것을 넘어, 감독이 영화적 요소를 통해 어떻게 상징적으로 주장하고 있는지 파악하고 분별하여 받아들일 줄 알아야 영적 전쟁에서 승리할 수 있다.

미디어 콘텐츠의 홍수 속에서 분별하지 못하면 세상이 요구하는 대로 끌려갈 수밖에 없다. 분별하지 않으면 '포괄적 차별금지법'의 해악성을 알고도 입법에 찬성하고 있는 자신을 보게 될 것이다. 동성 성관계를 통해 에이즈 바이러스에 감염되어 고통받는 동성애자를 보고도 인권이라는 이유로 인본주의 세계관이 자기도 모르게 내면에 작동하는 것이다.

동성애에 관한 영화는 본서의 "Part 3. 메시지를 통해 침투하는 세계관"에서 한국 영화를 통해 더 알아보겠다.

제 2 장
대중영화 속 문화막시즘의 영향력

1. 나는 옳고 너는 틀려

오늘날 다민족 국가인 미국에는 인종, 종교, 성(性), 지역, 직업, 연령 등을 표현할 때, '차별이나 편견을 없애는 것이 올바르다'라는 의미에서 "정치적 올바름", 곧 'PC'(Political Correctness)라는 사회적 용어가 탄생했다. "정치적 올바름"이라는 사회적 용어는 사회운동을 하는 공산주의자들이 주로 사용했는데, 그 개념이 확산되면서 일반화가 된다.

이제 정치와 사회의 영역을 넘어 이 논리가 문화로 자리 잡으면서 "정치적 올바름"의 주류적 동향에 반대되는 목소리를 내는 사람에는 '너는 틀렸어'라는 프레임을 입히기 시작한다. 이들의 문화운동이 더욱 확산되면서, 일반 대중의 표현의 자유가 억압되고, 역차별받는 사례들이 늘어나고 있다.

한국에도 "정치적 올바름"의 영향으로, 소위 일컫는 사회적 약자의 차별을 금지한다는 '포괄적 차별금지법'이 발의되었다. 포괄적 차별금지법에서 눈에 띄는 대표적인 것은, 남녀의 양성평등을 성평등으로 개정하고, 남자 또는 여자로서 차별받는 일에 대해 모두가 평등한 사회를 만들고자 자신의 성을 선택할 수 있도록 법을 통해 약자를 보호할 수 있다고 주장하는 것이다.

이 시대 문화 예술계를 잡고 있는 주류 학파이자 사상이 있다. 민주주의 제도 안에서 가시적으로 드러나진 않지만, 지난 20세기 유럽을 중심으로 시작되어 지금은 한국에서도 각 분야와 영역에서 은밀하게 퍼져나가고 있는 '문화막시즘'(또는 네오막시즘)이다.

'문화막시즘'은 정치, 사회, 경제, 문화 예술 각 영역에 막시즘(마르크스주의)의 영향을 주고 있다. 특히, 문화 영역으로 파고든 막시즘의 영향력을 '문화막시즘'이라고 일컫는다.

이탈리아 공산주의자 안토니오 그람시(Antonio Gramsci, 1891-1937)는 마르크스의 공산주의 이론에서 한계점을 발견하고, 자신의 저서 『옥중수고』(*Prison Notebooks*)를 통해 문화를 통해 공산주의 혁명을 일으키고자 전략을 제시했다.

이것이 바로 『옥중 수고』의 주요 테제인 '문화막시즘'이다. 그람시의 혁명은 마르크스의 공산주의 혁명처럼 데모를 통해 단기간에 이루어지는 것이 아닌 장기간 동안 문화라는 매개를 활용했다.

그람시는 문화를 통한 혁명의 과정 속에서 '종교(기독교)의 장벽이 높고 큰 걸림돌이 된다'라는 사실을 알게 되고, 젠더 이슈, 경제, 정치적 올바름, 영화와 미디어 산업까지 영향력을 미치면서 조금씩 장악하고 있다.

그래서 그람시의 전략을 '긴 행진'이라고 표현하며, 프랑크푸르트학파로 전수된 이론과 전략이 미국으로 들어오면서 전 세계적으로 영향을 미치게 된다.

미국의 다큐멘터리 〈Cultural Marxism - The Corruption of America〉(문화막시즘 - 미국의 부패)에서 패드릭 J. 뷰케넌과 G.에드워드 그리핀은 인터뷰 중 다음과 같이 말한 바 있다.

> 문화 속에 들어가서 사람들의 사고방식을 바꾸어 놓는 것입니다.
> 만일 사람들이 애국심과 국민과 하나님과 국가에 마음을 쏟고 있다면, 그것은 막시즘을 실현하는 일에 너무도 방해가 되는 장애물로 작용하기 때문에 막시즘이 결코 정착할 수 없을 것입니다.
> 그래서 하나의 수단을 강구해야 했는데, 그것은 개인들에게서 그런 장애물을 파괴하는 것이었습니다. 그들은 문화기관들, 예컨대 신학교, 교회, 언론, 할리우드 등을 통해서 소위 '긴 행진'이라는 것을 시작했습니다.
> 그 목적은 반기독교 문화를 조성해서 대다수의 사람이 가지고 있는 기독교적 신념과 확신을 파괴하는 것이었습니다. 그러면 사람들이 막시즘 사상을 받아들일 것입니다.

그리고 지금까지 거부해 왔던 그 사상을 포용하고, 결국 막시스트들에 의한 장악에 마음을 열게 될 것입니다. 다시 말해, 정치적 막시즘이 아니라 문화적 막시즘에 의해서 장악된다는 말입니다.

사람들을 교회로부터 격리시키면, 지원과 도움이 필요할 때 그들은 교회 대신 정부를 찾게 될 것입니다. 어떤 복잡한 문제들이 생겼을 때 그들은 성경을 통해 해답을 얻지 않고 정부를 바라보게 될 것입니다.

하지만 그들이 종교와 친밀한 관계를 가지게 되면 당연히 이렇게 말할 것입니다.

"우리는 정부와 사이좋게 지낼 수 없습니다. 성경의 가치에 반하기 때문입니다."

문화막시즘이 모든 종교, 특히, 기독교를 공격하려는 이유는 바로 이것입니다. 왜냐하면 사람들이 정부 외에도 지원과 해답을 얻을 수 있는 곳이 있기 때문입니다.

문화막시즘은 기본적으로 파시즘적 성향을 띤다. 자신과 다른 목소리를 용납하지 않고 집단주의적 방향으로 몰고 가기 때문이다.

미국의 문화를 통해 퍼지기 시작한 문화막시즘은 점차 개인의 자유를 파괴하고, 자본주의와 시장 경제를 지키고자 하는 대중 간의 갈등을 일으키며, 젠더 이데올로기와 성혁명에 힘을 얻으면서 가정 해체의 열매가 맺어지고 있다.

한국의 상황도 크게 다르지 않다. 이미 한국 영화계 안에도 문화막시즘의 영향을 받은 권력자들이 대중에게 영향력을 끼치고 있다.

구체적으로 한국 영화 산업에 종사하는 기관이나 단체의 학자와 권위자뿐만 아니라, 시나리오를 창작하는 작가, 영화를 직접 제작하는 감독과 프로듀서 그리고 배우까지!

현장에서 활동하고 있는 대부분의 종사자는 자신이 알든 모르든 문화막시즘에 영향을 받고 있는 것이 현실이다.

문화는 과거로부터 전해지는 전통이나 우리가 살고 있는 현재의 환경이 자연스럽게 사람들 속에 자리 잡은 일종의 생활 그 자체이다. 그래서 정치도 문화의 한 영역이며, 언어와 생활양식(라이프스타일)이 전혀 다른 외국인이 문화 차이로 어려움을 겪는 이유도 이 때문이다.

문화막시즘은 기존의 공산주의 혁명과 다른 점이 있다. 반란이나 전쟁을 통해 체제를 바꾸는 것이 아닌 문화 속에 공산주의 세계관을 스며들게 함으로써 사람들의 인식을 쥐도 새도 모르게 바꾸려는 일종의 문화혁명의 전략인 것이다.

"Part 3. 메시지를 통해 침투하는 세계관"에서는 실제로 영화에서 문화막시즘적 세계관이 어떻게 드러나는지 분석해 볼 것이다.

먼저, 미국 할리우드의 주류 영화들의 주인공들의 특성을 통해 알 수 있는 정치적 올바름의 한 가지 예를 소개할 것이다. 할리우드 상업 영화들의 공통점이 있는데, 그것은 주인공은 이성애자이지만 친구가 동성애자이거나 주인공을 도와주는 조력자가 동성애자로 나온다는 것이다.

또한, 성소수자는 선하고 착한 역할을 맡고 있지만, 악당이 성소수자인 경우는 드물다는 것이다. 즉, 동성애자는 착한 사람이라는 공식을 사용함으로써 성소수자는 '선'이라는 덕성을 가지고 있다는 정의를 내려 버린다.

또한, 주인공이 성소수자는 아니지만, 주로 대의를 위해 희생하는 캐릭터이거나 조력자로서 예기치 못하게 죽어버리는 연민의 대상으로 그려지며, 사회적으로 늘 피해자요 약자라는 이미지를 대중에게 각인시켜 왔다.

제3장
영화는, 곧 감독의 세계관

영화학도였던 필자가 경험했던 일이다.

2015년 하나님을 만나기 전, 인간의 나약함과 추악한 인간 본성에 대한 메시지를 전달하고 싶었다.

주인공은 각기 다른 직업을 가진 두 인물로서, 청빙을 앞둔 목사와 상사에게 시달리긴 하지만 정의감에 불타올라 사명감으로 일하는 형사에 대한 이야기인데, 대형 교회에 청빙을 앞둔 한 부목사가 친구인 강력 범죄수사과 형사를 우연히 만나면서 사건이 발생한다.

학창 시절 목사의 여자 친구를 성폭행한 과거를 알고 있는 형사가 술김에 목사를 추궁한다. 목사는 '청빙에 문제가 될까' 두려워지기 시작했고, "자신의 죄를 한 번만 묵인해달라"고 부탁을 한다. 사과를 받아 낸 형사는 목사의 과거 죄를 비밀로 해주기로 한다.

집이 근처라며 자신의 차를 운전하는 형사가 목사 '대진'을 집에 데려다주는데, 길에 쓰러진 사람을 보지 못하고 접촉 사고가 난다.

형사가 음주 운전을 하면 직위 해제는 물론 뉴스거리가 될 일임은 불 보듯 뻔하기에, 이제 이들의 묘한 심리전에서 목사는 다시 승기를 잡는다.

이같이 전세가 역전된 두 사람의 심리 싸움을 그린 단편 영화이다.

대략적인 줄거리를 들으면 어떤 생각이 드는가?

그리스도인이라면 불편한 마음이 꿈틀거리지 않을까?

필자는 당시 기독교인에 대한 반감이 있었던 것이 사실이다. 예수 믿는 사람을 좋아하지는 않았지만, 그렇다고 티를 내지는 않았다.

필자의 세계관을 모르는 사람들은 단지 직업의 색깔이 독특한 목사라는 인물과 형사라는 인물을 선택한 것이라 생각할 수 있다.

직접적으로 목사를 비난하는 내용은 아니지만, '더 거룩하고 경건해야 하는 목사들이 대게 그렇지 못하다'라는 메시지가 전달되고 있지는 않은가!

많은 목사에 대한 부정적인 소식은 인본주의 세계관으로 자리 잡고 있는 필자가 예수님을 비난하기 좋은 이유였다.

예수님은 회개하는 자에게는 죄 사함을 허락해 주는 분이지만, 동시에 절대로 죄를 용납하지는 않는 분이다.

당시 필자는 예수님이 역사적인 인물이자, 죽은 지 사흘 만에 부활하셔서 지금도 살아계신 분이라는 진리를 깨닫지 못했던 것이다. 인간이 만들어 낸 과학과 철학과 같은 세상 지식을 진리라고 믿는 인본주의적 세계관으로 세상을 보고 있었던 것이다.

또한 모든 것을 해로 여김은 내 주 그리스도 예수를 아는 지식이 가장 고상하기 때문이라 내가 그를 위하여 모든 것을 잃어버리고 배설물로 여김은 그리스도를 얻고(빌 3:8).

이렇듯 감독의 세계관이 영화라는 매체에 녹아들 수밖에 없다는 사실은 부정할 수 없다. 당시 심혈을 기울여 영혼까지 갈아 만든 단편 영화 작품이, 2017년 주님을 만난 후로는 부끄러운 과거일 뿐 어디에도 내놓지 못하고 있다.

제 4 장
배급과 흥행의 관계

순위	연도	제목	감독	배급사	누적관객 수	상영횟수	소요일
1	2014년	명량	김한민	CJ엔터테인먼트 MOVIE	17,615,437	188,668	12일
2	2019년	극한직업	이병헌	CJ엔터테인먼트 MOVIE	16,265,618	292,584	15일
3	2017년	신과함께-죄와 벌	김용화	롯데 엔터테인먼트	14,411,502	213,262	16일
4	2014년	국제시장	윤제균	CJ엔터테인먼트 MOVIE	14,263,203	212,683	28일
5	2019년	어벤져스: 엔드게임	루소 형제	월트 디즈니 컴퍼니 코리아	13,977,602	242,042	11일
6	2019년	겨울왕국 2	크리스 벅, 제니퍼 리	월트 디즈니 컴퍼니 코리아	13,747,792	299,334	17일
7	2015년	베테랑	류승완	CJ엔터테인먼트 MOVIE	13,414,200	199,240	25일
8	2009년	아바타	제임스 카메론	20세기 폭스 코리아	13,338,863	163,943	38일
9	2006년	괴물	봉준호	쇼박스	13,019,740	113,105	21일
10	2012년	도둑들	최동훈	쇼박스	12,983,976	155,410	22일
11	2013년	7번방의 선물	이환경	넥스트 엔터테인먼트월드	12,811,435	166,819	32일
12	2019년	알라딘	가이 리치	월트 디즈니 컴퍼니 코리아	12,797,927	284,884	53일

순위	연도	제목	감독	배급사	관객수	스크린수	상영일수
13	2015년	암살	최동훈	쇼박스	12,706,819	175,213	25일
14	2022년	범죄도시2	이상용	에이비오 엔터테인먼트, 플러스엠	12,693,322	355,767	25일
15	2012년	광해, 왕이 된 남자	추창민	CJ엔터테인먼트 MOVIE	12,324,002	203,463	38일
16	2005년	왕의 남자	이준익	시네마 서비스	12,302,831	111,179	45일
17	2018년	신과함께-인과 연	김용화	롯데 엔터테인먼트	12,276,115	179,986	14일
18	2017년	택시운전사	장훈	쇼박스	12,189,355	184,148	19일
19	2004년	태극기 휘날리며	강제규	쇼박스	11,746,135	-	39일
20	2016년	부산행	연상호	넥스트 엔터테인먼트월드	11,567,341	151,463	19일
21	2009년	해운대	윤제균	CJ엔터테인먼트 MOVIE	11,453,338	154,285	34일
22	2013년	변호인	양우석	넥스트 엔터테인먼트월드	11,374,892	152,281	33일
23	2018년	어벤져스: 인피니티 워	루소 형제	월트 디즈니 컴퍼니 코리아	11,212,710	240,501	19일
24	2003년	실미도	강우석	시네마 서비스	11,081,000	-	58일
25	2022년	아바타: 물의 길	제임스 카메론	월트 디즈니 컴퍼니 코리아	10,805,065	242,155	42일
26	2023년	범죄도시3	이상용	에이비오 엔터테인먼트, 플러스엠	10,574,544	-	32일
27	2015년	어벤져스: 에이지 오브 울트론	조스 웨던	월트 디즈니 컴퍼니 코리아	10,494,840	191,785	25일
28	2019년	기생충	봉준호	CJ엔터테인먼트 MOVIE	10,309,809	200,511	53일
29	2014년	인터스텔라	크리스토퍼 놀란	워너브라더스 코리아	10,309,432	169,432	50일
30	2014년	겨울왕국	크리스 벅, 제니퍼 리	월트 디즈니 컴퍼니 코리아	10,303,058	157,838	46일

자료출처 : 영화진흥위원회 영화관입장권통합전산망의 역대 박스오피스 통합전산망 집계 기준 자료

2023년 기준 '천만 관객을 돌파한 한국 영화들'에 대해 관객 수가 많은 순으로 나열한 표이다. 평균적으로 1년에 1-2편의 흥행작이 나오는 것을 알 수 있다.

우리는 영화를 볼 때, 다양한 영역으로 각 관점에서 해석하고 평가할 수 있다.

관객들에게는 다섯 개의 별을 많이 받은 영화가 평가의 기준이 된다면, 흥행한 영화는 사회의 주목을 한껏 받을뿐더러 역사에 길이 남는 작품이 될 만큼 큰 의미가 있다.

필자의 관점으로 한국에서 가장 대중적이면서도 예술성과 완성도까지 탁월하게 연출하는 감독은 바로 '봉준호 감독'이다.

영화 산업은 자본에 의해 움직이고 자본에 따라 결정되기 때문에 백 100억 원 이상 거대한 자본이 투입된 영화, 일명 '블록버스터 영화'는 신기술의 집합체이다.

한국 영화 역사상 최다 제작비로 만들어진 심형래 감독의 〈디-워〉(D-War)가 700억 원이 투입되었다. 거액의 제작비가 투입된 상위 열 개의 영화는 200억 원 이상을 투자받았다.

전 세계에서 인정받은 감독일수록 모든 투자 배급사가 적극 협조하며, 가장 인기 있는 배우와 각 파트의 뛰어난 기술 감독들이 함께 참여한다.

그러니 당연히 최고의 퀄리티의 영화가 나올 수밖에 없는 것이다.

업계에 오랫동안 몸을 담은 전문가들도 "흥행의 결과는 아무도 알 수 없다"라고 말한다. 하지만 필자는 통상적으로 천만 관객을 돌파하는 영화들은 그 나름의 이유가 있다고 주장한다(이 내용은 뒷부분 천만 관객의 상업 영화 부분에서 다룬다).

영화를 제작하는 제작사들은 콘텐츠 기획 단계에서 흥행적 요소를 고민하며, 배급사들은 잘 만들어진 영화를 어떻게 홍보하고 전략적으로 영화관에 걸어서 상영할 것인가에 대해 수익적 차원에서 고민한다.

결국, 영화의 흥행은 제작진(감독, PD, 배우, 기술, 스텝 등)의 기획, 제작 역량과 배급사의 마케팅 및 홍보 역량이 합쳐져서 탄생하게 된다.

영화 산업에서 역량 있는 제작 인력과 마케팅 홍보의 수준은 자본에 의해 결정되기 때문에 거대 자본이 투입된 영화일수록 흥행의 확률이 높아지는 것이다.

한국에서 상업 영화가 제작되기에 앞서 '투자'는 어떻게 진행되는 것인지 간단히 알아보고 넘어가려고 한다.

대부분의 영화는 '메이저 배급사'를 통해 기획된다. 배급사에 대해서는 뒤에서 자세히 설명하겠다. 메이저 배급사는 영화 제작사(줄여서 영화사라고 말하기도 하며, 대개 회사 규모가 배급사만큼 크지 않다)와 우수한 시나리오와 제작비, 제작진, 배우 등을 논의 후에 진행 여부를 결정한다.

보통 대형 배급사는 자기 자본을 영화에 투자하지만, 결과를 예측하기 어렵거나 자본 규모가 부담될 경우 (사실 대부분은) 펀딩(기금 모음)을 통해 공동 투자를 진행한다.

먼저, 배급사와 제2금융권(보험사, 캐피탈사)은 투자한 대로 지분을 나누어 계약한다. 그리고 영화가 개봉되면 결과에 따라 손익분기점을 넘을 경우 수익은 계약대로 나눠갖고, 손실은 투자 지분을 적용하여 책임지는 방식으로 이루어진다. 이것을 '공동 제공'(공동 투자)이라고 하는데, 일반적으로, 영화가 시작하기 전 자막을 유심히 보면 공동 투자한 회사들의 이름을 볼 수 있을 것이다(제2금융권은 이렇게 영화 자본 투자를 통해 문화 마케팅 효과를 보기도 한다).

그렇다면, '배급'의 역할은 무엇일까?

예를 들어, 공장에서 만들어진 어떤 상품이 도매상을 거쳐 소매상을 통해 고객에게로 전달되는 과정을 유통이라고 하듯이, 영화 산업에서 '배급'이란, 영화의 유통 과정을 말하며, 배급사는 도매상으로 생각하면 좋을 것 같다.

영화 산업에서 유통이라고 하지 않고 배급이라고 하는 이유는 영화마다 소매상의 역할을 하는 극장에 걸릴 수도 있고, 걸리지 않을 수도 있기 때문이다. 또한, 영화 산업의 특성상 배급사와 극장은 이익 구조에 따라 계약이 되지 못하는 경우가 있기 때문이다.

배급사는 최대한 많은 극장을 통해 스크린 수를 늘리고 싶어 하지만, 극장은 인기가 많은 영화를 더 많이 걸어서 수익을 최대화하려고 한다.

그래서 배급사는 영화에 따라 개봉 시기를 전략적으로 고민하여 시장에 내놓는다. 아무리 블록버스터 영화이면서 가장 핫한 배우가 출연하고, 모든 연령을 대상으로 한 드라마 장르의 영화라 할지라도 블록버스터 경쟁작이 같은 주(Week)에 개봉하거나, 또는 비수기 시즌에 개봉하면 천만 관객 수를 넘기기 쉽지 않다. 그래서 대작들이 여름 시즌에 유난히 많이 개봉되는 이유이기도 하다.

실제로 7월 중순에서 8월 말까지가 관객이 가장 많은 '연중 황금 시즌'이다. 그렇다 보니, 그 시기는 경쟁도 치열하고, 메이저 배급사의 영화들만 진입이 가능하며, 블록버스터급 영화가 많이 나온다. 여름 시즌과 크리스마스 연말 시즌, 겨울 시즌, 명절 시즌을 노려야만 흥행이 가능하다는 이야기다.

다시 말하면, 관객 수가 많은 흥행 영화라고 해서 가치 있는 영화라고 단정 지을 수 없고, 꼭 봐야 하는 이유가 있는 것도 아니다. 매년 통계를 보면, 그 시기에는 원래 관객이 많은 추세이기 때문이다.

『영화 배급과 흥행』에 따르면 관객을 3단계로 나누는데, 초기 관객, 2차 관객, 3차 관객의 특징을 설명한다.

초기 관객, 즉 '위험을 감수하는 소중한 고객'이다. 이들은 리스크를 감수하고 보는 관객이다. 적극적인 관객이므로 자신의 감상평을 온라인상에서 의견을 나누는 성향이 짙다. 일반적으로 개봉한 첫 번째 주에 움직이는 관객이다.

2차 관객은 '모방 관객'이나. SNS를 통해 초기 관객의 영화 후기를 보고, 박스 오피스의 반응을 살피고 볼 영화를 선택한다. 코로나 팬데믹을 지나면서 OTT 플랫폼이 확대됨에 따라 극장에 가지 않는 추세가 나타나고 있다. 일반적으로 1주 차 이후부터 2주 차 주말까지 극장에 오는 관객이다.

3차 관객은 '다수결을 신뢰하는 관객'이다. 언론이나 SNS를 통해 영화에 대한 인기가 올라가는 영화들이어야만 기꺼이 돈과 시간을 투자하는 관객이다. 그렇기에 3차 관객이 많으면 그 영화는 흥행하는 영화가 된다. 초기 관객의 호평으로 모방 관객이 많았고, 모방 관객이 늘어나면서 3차 관객이 만들어지기 때문에 흥행의 궤도에 오르는 것이다. 이 현상이 바로 '입소문의 효과'이다.

결국, 흥행 영화는 입소문을 통해 다수가 선택하는 현상일 뿐이며, 가장 뛰어난 영화가 반드시 흥행하는 것이 아닌 것임을 증명할 수 있다.

영화 드라마와 같은 미디어의 영향을 받지 않기 위해서 성도들이 취해야 할 태도에 대해 스피커들이 주장하는 바가 조금씩 다르다.

"악은 어떤 모양이라도 버리라"(살전 5:22)라고 말씀하신 대로 자본의 출처와 제작자의 세계관이 성경관과 대척점에 있는 영화들은 절대 보지 말아야 하는 것인가?

아니면 너희는 세상의 빛과 소금으로서 그리스도의 제자로 살아가라는 말씀에 따라 시대를 분별하기 위해 볼 수 있는 것인가?

두 가지 보이지 않는 논쟁거리가 있는 듯 보인다. 필자의 생각은 후자 쪽에 가깝다. 단, 조건은 '성경적 세계관이 정립되어 있어야 한다'라는 가정 하에서다.

　기독교 세계관으로 무장되어 있다 할지라도 믿음의 영역에 영향을 받지 않는 선에서 우리의 시선을 빼앗기지 않고, 시대를 분별하는 도구로 활용해야 할 것이다. 믿음은 들음에서 나기 때문에 절제할 수 있는 능력도 갖추어야 한다.

　다시 돌아와, 한국 영화의 배급 구조를 살펴보자.

　한국에는 CJ엔터테인먼트(CJ ENM), 롯데엔터테인먼트, 쇼박스, NEW, 플러스엠이라는 5대 메이저 배급사가 있는데, 이 중 3개의 배급사 CJ엔터테인먼트, 롯데엔터테인먼트, 쇼박스가 각각 자신들의 극장인 CJ CGV, 롯데 시네마, 메가박스를 가지고 있다.

마찬가지로, 미국에도 5대 메이저 배급사가 있다. 우리가 익히 잘 아는 월트디즈니컴퍼니, 워너브라더스, 유니버셜픽처스, 소니픽처스, 파라마운트픽처스가 미국의 대형 배급사이다.

영화관에서 상업 영화가 상영되기 전, 반드시 가장 앞에 나오는 그 장면 맞다. 2016년 한국에서 영화 〈곡성〉을 배급한 20세기 스튜디오(20세기 폭스에서 바뀐 명칭)는 2019년 월트디즈니컴퍼니에 양수하여 통합된다. 현재 개봉하는 미국 할리우드 영화를 미국의 5대 배급사에서 한국 현지 법인을 통하여 직접 배급하기도 한다.

최근에는 미국의 배급사를 통해 투자를 받는 한국 감독들이 늘고 있는 추세다. 한국의 콘텐츠가 전 세계에서 각광을 받다보니 미국의 거대 자본이 한국 영화와 콘텐츠에 투자를 하는 것이다.

또 최근에 주목할만한 영화 산업의 동향은 온라인 콘텐츠 플랫폼인데, 넷플릭스를 통하여 배급이 활발하게 진행되고 있다. 양질의 콘텐츠가 넷플릭스를 비롯한 OTT 플랫폼으로 몰리고 있다. 넷플릭스도 '넷플릭스서비시스코리아'라는 영화 배급과 수입을 할 수 있는 현지 법인을 세웠다.

한국에 진출하고 나서 처음으로 투자 배급한 영화가 봉준호 감독의 〈옥자〉이다. 무려 740억 원을 투자하여 한국 영화 산업의 판을 흔들기도 했다. 당시 한국의 5대 배급사에서 운영하는 극장들에서 〈옥자〉의 개봉을 거부해 논란이 되었던 사건을 기억할 것이다. 지금도 〈옥자〉는 넷플릭스에서만 볼 수 있다.

넷플릭스가 자체 제작하고 배급하는 콘텐츠들도 한 해에 수십 편에 달한다. 영화, 드라마, 예능, 애니메이션까지 장르를 불문하고 막대한 자본을 투자하고 있다. 넷플릭스의 자본으로 만들어진 드라마〈오징어게임〉이 세계적으로 미친 영향도 이미 잘 알려져 있다. 그에 따라 앞으로도 한국 시장에서 계속적인 투자와 배급을 이어나갈 것으로 보인다.

이것이〈옥자〉로 한국에 진입하자마자 콘텐츠 시장의 판을 바꾸고, 〈오징어게임〉을 통해 콘텐츠 시장을 장악하고 있는 넷플릭스를 예의 주시할 수밖에 없는 이유다.

물론 메이저 배급사 외에도 중소 배급사들이 있다. 미국에서는 메이저 배급사들이 자회사를 설립하여 미니메이저 배급사를 운영하고 있다.

상황이 이렇다 보니 메이저 배급사들은 자신의 영화들을 적극 홍보하고, 되도록 많은 극장에서 상영 수를 늘려가는 구조가 자리잡게 된다.

영세 배급사나 제작사들은 이러한 배급 구조가 '독과점'이라면서, "관객들에게 좋은 작품의 영화를 볼 수 있는 기회가 줄어든다"라고 주장하기 시작한다. 급기야는 이런 말까지 나오게 된 것이다.

법적 규제가 필요하다!

1966년 외국 영화(할리우드 영화)의 스크린수 장악을 막기 위해 특정 영화가 일정 기간 이상의 상영관을 장악하는 것을 제한하기 위해 한국 영화 의무 상영일을 보장하는 '스크린 쿼터제'(Screen Quota)가 영화법에 도입되었다.

당시 한국 영화의 경쟁력이 없을 때, 미국의 할리우드 영화가 인기를 끌자 영화인들이 들고 일어나 법제화했다. 대한민국이 산업화를 거치면서 한국 영화의 수준이 올라가면서 자연스럽게 한국 영화의 배급이 늘어났고, 스크린 쿼터제가 의미가 없어진다.

그러니 '스크린 상한제'라는 새로운 입법이 화두로 올라오고 있다. 스크린 상한제는 관객이 몰리는 주요 시간대에 특정 영화의 상영관 스크린 수를 제한하는 제도인데, 스크린 독과점을 막고 영화의 다양성을 확보하기 위함이다.

이들의 주장도 일리가 있어 보이지만, 자유의 가치가 훼손되지 않을 것이라는 우려가 된다. 소수를 위해 다수가 피해를 입는 격이다. 자유민주주의 체제 속에서 자유 경쟁은 보장되어야 하기 때문이다.

국가가 개입해서 자유 경쟁을 막는 일은 산업의 발전에 긍정적이지 않다. 문제는 관객이 보고 싶은 영화를 선택할 수 있는 기회가 줄어들 수 있는 점은 절대 간과할 수 없다.

그러나 그것보다 더 중요한 것은 '헌법이 보장하는 소유의 자유'이다. 극장은 당연히 더 많은 수익이 되는 영화를 상영할 수 있는 자유가 있다. 사유재산의 축적을 제한할 수 있는 권리는 아무에게도 없기 때문이다.

극장이 자신의 수익을 위해 주도하되 관객이 다양한 영화를 볼 수 있도록 관객의 목소리를 직접 듣고 최대한 상영관에 관객 수를 채워서 효율적인 운영을 하면 된다. 스크린 수를 제한한다면, 다수의 관객이 보고 싶어하는 영화를 못보게 되는 상황이 발생하게 될 일은 안 봐도 뻔한 일이나.

국민의 경제활동에 국가가 개입하는 '큰 정부'는, 결국 권력이 한 사람에게 집중되게 만든다.

좌경화된 영화인들이 영화진흥법에서 '스크린 상한제'라는 것을 주장하고 있고, 영화 산업에서 주류로 활동하고 있다. 또한, 영화 업계에 종사하고 있는 관계자들은 대부분 진보 성향의 색채를 띄고 있다.

예술은 하나님 안에서 진정한 창의력이 나오는 것이다. 하지만 기존의 체제를 해체하고 '인권'이라는 이유로 문화막시즘의 사상적 흐름 속에 있는 주류 영화인들은 자신도 모르게 성장과 교육 과정에서 주입된 반(反)성경적 신념을 다음세대 영화인들이 그대로 흡수하고 있는 것을 볼 때 너무나도 안타깝다.

봉준호 감독은 〈제92회 아카데미 시상식〉에서 자신이 좋아하는 마틴 스콜세지(Martin Charles Scorsese) 감독의 말을 인용해 수상 소감을 말한 바 있다.

> 가장 개인적인 것이 가장 창의적인 것이다!

자본주의를 부정하고 평등과 공정을 주장하는 사람들은 사회주의를 추구한다. 그렇게 사회주의가 발전하면 개인의 자유가 억압되기 시작하고 공동체(국가)를 위해 개인이 희생해야 하는 전체주의 체제로 발전한다.

개인적인 자유가 제한되는 사회에서 창의적인 것은 나올 수 없다. 정작 창의적 활동을 하는데 개인의 자유가 중요하다고 말하는 봉준호 감독은 역설적이게도 자본주의와 자유 시장 경제 체제에 대해 회의적인 영화를 만들어 내고 있다. 대단히 '아이러니'하다.

여호와를 경외하는 것이 지혜의 근본이요 거룩하신 자를 아는 것이 명철이니라(잠 9:10).

제5장
천만 관객의 '상업 영화'와 십만의 '기독교 영화'

    자본주의의 모든 산업이 그렇듯 한국 영화는 자본에 의해 모든 방향성이 결정되고 움직인다. 현재 한국 영화 산업을 택시 운전으로 비유한다면 이렇다. 운전대는 4대 배급사 CJ엔터테인먼트, 롯데엔터테인먼트, 쇼박스, NEW와 플러스엠까지 5개의 기업이 쥐고 있다.

    자본주의의 시스템에 따라 영화는 돈을 가진 4대 투자사의 방향성에 따라 움직인다.

    운전대를 잡고 있는 기사 마음대로 아닌가!

    물론 손님이 타면 손님이 가자고 하는 방향으로 가게 된다.

    손님은 바로 '관객'이다.

    관객이 보고 싶은 영화는 무엇인가?

    이것이 "투자를 하느냐, 마느냐"의 관건이 되는 것이다. 손님을 태우기 위해서 유동 인구가 많은 강남이나 회사들이 몰려있는 지역으로 가면 된다.

마찬가지로, 영화도 관객이 원하는 콘텐츠를 장르로 기획하고 스타 배우가 붙으면 투자가 이루어진다. 시장 경제의 원리대로라면 수요가 많은 콘텐츠에는 투자의 확률이 높아지고 거대 자본이 투자된다. 관객이 어떤 영화를 갈구하는지, 관객이 기꺼이 자신의 비용과 시간을 소비할 만한 가치가 있다면 투자는 성공한 것이다.

필자가 통계 데이터를 연구해 본 결과, 과거 흥행했던 영화들의 장르, 시대상, 주제, 캐릭터, 제작진의 소구점들이 있었는데 참 재미있는 현실이다.

제작비 100억 이상의 블록버스터 영화들이 개봉하면 "손익분기점을 넘지 못했다"라는 기사들을 흔히 볼 수 있다. 자본주의 사회에서 투자 대비 이익을 거두는 것이 보편적이지만, 영화 산업은 그렇지 않기 때문이다. 영화 업계에서는 수익률이 20퍼센트밖에 되지 않는 영화 제작에 투자하는 것을 소위 말해 "도박과 같다"라는 표현을 사용할 정도이다.

이는 어떻게 보면 주식 투자와 비슷하다. 특정 기업을 오랫동안 지켜봐 온 전문가들은 좀 더 오랜 기간의 주식 그래프를 통계 내고 분석한 결과치에 따라 투자를 결정한다.

이렇게 결정함에 있어 무조건 오를 것이라는 확신이 있을 때는 투자하기로 정하지만, 예기치 못한 변수가 발생할 경우 수익은커녕, 기업 가치가 계속해서 하락하는 사례도 적잖이 많이 볼 수 있다. 그렇기에 영화 투자도 '도박'이라고 말해도 과언은 아닌 것 같다.

흥행에 방해가 되는 많은 변수가 있다. 예를 들어, 막강한 경쟁작 때문에 관객들의 선택을 받지 못한 경우도 있겠고, 기획 단계에는 몰랐는데 신파적인 요소가 너무 강해 관객들의 거부감을 불러일으켰을 수도 있겠다.

그뿐만 아니라, 새롭게 시도하는 장르물이기에 흥미롭다고 생각했는데, 막상 기대 이하인 경우도 있고, 아니면 감독이나 배우의 사회적인 물의로 인해서 지탄의 대상이 되어 흥행에 실패하는 다양한 이유가 있다.

1. 십만의 기독교 영화

영화 시장에서 간혹가다가 기독교 영화들이 개봉하는데, 기독교 영화가 개봉되기라도 하면 교회 내에서 성도들은 대화의 주제로 떠오른다. 그리스도인들의 기독교 영화에 대한 관심이 대단한 걸 보면 기독교 영화는 팬심이 참 두터워 보인다.

기독교 영화는 주로 저예산으로 제작한 다큐멘터리 영화이거나 해외(대부분 미국) 영화를 배급하여 상영되기도 한다. 현실적으로 그리스도인이라는 특정 관객층을 대상으로 배급하기 때문에 애초에 상영관이 많지도 않고 홍보 예산도 많지 않은 것이 사실이다.

코로나 팬데믹 이후 영화관을 찾는 관객이 급격히 감소해 교회에 출석하는 기독교인 약 400만 명의 '타깃(표적) 관객층'을 위해 자본을 투자할 리 만무하다.

그뿐만 아니라, 가뭄에 콩 나듯 어렵게 모인 적은 자본으로 영화가 제작되기는 하는데, 많지 않은 몇몇 상영관에서 개봉이라도 하면 기독교인들만의 축제로 끝나버린다.

자본주의 사회에서 기독교 영화가 기업의 투자까지 이루어지지 못하는 악순환은 어찌 보면 당연하다.

설령 기독교 영화가 기업의 투자를 받는다고 해도 대부분의 대중은 교회에 대한 인식이 좋지 않기 때문에 기독교적 가치가 들어간 영화를 반겨줄 리 없다.

필자는 요한복음 15장에 나타난 예수님의 말씀에서 답을 찾았다. 성경에서 말하는 "세상"은 그리스도인이 아닌 '일반적인 대중'을 말한다.

그렇다면, 필자의 견해대로 예수님의 말씀을 해석하면 이렇다.

예수님을 알지 못하는 세상 사람들은 근본적으로 예수님을 미워하며, 예수님의 몸인 교회를 미워하는 것이다. 세상에 속한 사람, 곧 비그리스도인이 만든 영화는 대중에게 사랑을 받고 인기를 얻을 것이지만, 근본적으로 세상에 속한 사람이 아닌 그리스도인이 만든 기독교 영화는 미워할 것이다.

> 세상이 너희를 미워하면 너희보다 먼저 나를 미워한 줄을 알라 너희가 세상에 속하였으면 세상이 자기의 것을 사랑할 것이나 너희는 세상에 속한 자가 아니요 도리어 내가 너희를 세상에서 택하였기 때문에 세상이 너희를 미워하느니라(요 15:18-19).

100억 이상의 거대한 자본이 만들어 낸 천만 관객의 상업 영화와 1억이라는 저예산의 십만 관객 기독교 영화의 싸움은 '다윗과 골리앗의 싸움'처럼 보인다.

성경 인물인 이새의 막내아들, '소년 다윗'이 "블레셋 사람 골리앗과 대결한다"라는 결단하고 선포했을 때, 주변의 모든 사람은 "너는 안된다"라며 무시하고 나무랐다. "아직 어리고, 체구도 작고, 양을 치던 경험밖에 없다"라는 것이 비난의 이유였다.

그러나 거대한 덩치를 가지고 갑옷과 무기로 철저하게 무장했던 골리앗 앞에 선 '소년 다윗'은 생각이 달랐던 것 같다.

자신에게 주어진 최고의 칼과 갑옷을 버리고 손에 익숙한 다섯 개의 물맷돌만 가지고 맞짱을 뜰 수 있었던 용기와 담대함은 어디서부터 왔던 것일까?

자신의 실력을 믿고 결투에 나섰다면 사무엘상 17장에 나오는 다윗의 대사는 기록되지 못했을 것이다. 다윗은 거대한 덩치를 가진 채, 철저하게 무장했던 블레셋 사람에게 이렇게 선포했다.

너는 칼과 창과 단창으로 내게 나아 오거니와 나는 만군의 여호와의 이름 곧 네가 모욕하는 이스라엘 군대의 하나님의 이름으로 네게 나아가노라 (삼상 17:45).

이것이 바로 양치기 소년이 신뢰하고 의지했던 가장 강력한 무기였던 것이다. '1억과 100억의 게임'에서 인간의 논리대로라면 절대 1억은 100억을 이길 수 없다.

하지만 성경적 관점대로라면 다르다. 100억의 골리앗을 이기는 방법은 골리앗보다 강한 무기와 갑옷을 갖추는 것이 아니라, 1억이 가지고 있는 영성과 다섯 개의 물맷돌에 있음을 믿는 '믿음'인 것이다.

블레셋 사람이 방패 든 사람을 앞세우고 다윗에게로 점점 가까이 나아가거니라 그 블레셋 사람이 둘러보다가 다윗을 보고 업신여기니 이는 그가 젊고 붉고 용모가 아름다움이라 블레셋 사람이 다윗에게 이르되 네가 나를 개로 여기고 막대기를 가지고 내게 나아왔느냐 하고 그의 신들의 이름으로 다윗을 저주하고 블레셋 사

> 람이 또 다윗에게 이르되 내게로 오라 내가 네 살을 공중의 새들과 들짐승들에게 주리라 하는지라 다윗이 블레셋 사람에게 이르되 너는 칼과 창과 단창으로 내게 나아 오거니와 나는 만군의 여호와의 이름 곧 네가 모욕하는 이스라엘 군대의 하나님의 이름으로 네게 나아가노라 오늘 여호와께서 너를 내 손에 넘기시리니 내가 너를 쳐서 네 목을 베고 블레셋 군대의 시체를 오늘 공중의 새와 땅의 들짐승에게 주어 온 땅으로 이스라엘에 하나님이 계신 줄 알게 하겠고 또 여호와의 구원하심이 칼과 창에 있지 아니함을 이 무리에게 알게 하리라 전쟁은 여호와께 속한 것인즉 그가 너희를 우리 손에 넘기시리라(삼상 17:41-47).

2. 천만 관객의 상업 영화

흥행하는 천만 관객 영화들은 장르적 특징들이 있다. 필자는 이 특징을 기독교 영화에도 적용하면 천만 관객 영화가 나올 수 있다고 주장한다. 통계적 분석으로 나온 결과이기에 아마 한국 영화를 좋아하는 대부분의 관객은 공감이 되는 내용일 것이다.

『영화 배급과 흥행』에서는 천만 관객을 달성한 영화 장르의 공통점을 아래와 같이 말한다.

> 한국 천만 관객 영화의 장르들 분석해 보니, 드라마, 액션, 사극, 판타지, 재난 순으로 많다. 드라마 장르가 액션보다 천만 흥행 가능성이 높다.

7월에 개봉되는 액션 영화의 경우 짧은 시즌과 치열한 경쟁 구도, 그리고 장르가 가지고 있는 단기 흥행성 등으로 인해 개봉 시 스크린을 최대로 잡아야 가능성이 높고, 12월에 개봉되는 드라마 장르는 장기 상영만 가능하다면 상대적으로 천만 흥행 가능성이 높다고 하겠다.

장르로 특징을 뽑아내기에는 부족한 부분이 많다. 장르 간 경계가 모호한 부분도 많기 때문에 키워드 분석을 통해 그 교집합을 찾아보고자 한다.

'시대극'이 가장 많았다. 시대, 실화 바탕, 가족, 전쟁 순으로 나타났다. 이렇게 추출된 데이터를 기준으로 결과를 도출해 내면, '과거 어느 시대를 기준으로 실제 있었던 사건을 바탕으로 해서 가족 이야기'를 그리면 된다.

이래도 뭔가 잘 안 맞는 것 같다. 그래서 장르와 키워드를 합쳐서 분석해 보니 '과거 시대 실제 있었던 사건(실화 바탕)을 기준으로 하는 드라마 장르'에 대해서 관객들이 가장 선호하는 것으로 나타났다.

과거 흥행작의 통계를 통해 상업 영화를 기획하는 작가들은 인사이트를 얻을 수 있다.

"어떤 영화가 많은 관객의 선택을 받았다"라는 것은 배급 타이밍과 상관없이 영화 자체적으로 좋은 이유이든, 나쁜 이유이든, 분명 관련이 있다는 것이다.

흥행 영화에는 두 가지 요소가 있다.

1) '결핍을 채우는 시대적 메시지'인데, 이는 반드시 메시지가 경쟁작에 비해 탁월해야 한다는 것이다

흥행하는 영화의 공통점은 시대를 관통하는 메시지를 다루면서도, 동시에 관객의 결핍을 채워주는 감성적인 무언가가 강하게 전달되어야 한다는 점이다.

단순히 오락적인 차원에서 도파민(dopamine)을 분비시키는 '자극적이고 쾌락적인 영화'라 할지라도 그 메시지 안에 우리에게 전달되는 메시지는 강렬하다.

영화라는 매체의 특성상 "많은 관객이 관람했다"라는 것은 '그 영화를 통해 사회 분위기를 형성하기도 하고, 때로는 그 영화 안에 한 사람의 인생을 바꿀만한 힘을 갖는 탁월한 메시지가 있다'라는 것을 말하는 것이다.

관객을 '두 시간'이라는 시간 동안 감독이 구축해 놓은 영화의 세계 안에 빠져들게 하기 위해서는 스토리 구성이 탄탄해야만 한다. 그 탄탄한 스토리 구성을 통하여 관객의 집중력을 단 한순간도 흐트러뜨리지 않도록 해야 한다. 손에 땀을 쥐게 하고 몰입하게 하는 데 가장 절대적인 방법이 '스토리'라고 한다면, 인생을 바꿀 만큼의 큰 영향력이 생기도록 하는 것은 대중의 결핍된 무언가를 채워줄 수 있는 **'시대 정신'**이 충족되어야만 가능하다.

관객 개개인은 각자의 상황과 환경에 따라 그 결핍과 정도가 다르다. "희열감을 느꼈다" 또는 "카타르시스를 느꼈다"와 같은 표현은 극적인 영화를 보고 나서 하는 반응들이다.

관객은 두 시간의 제한된 공간에서 스토리에 몰입하여 어떤 결핍으로부터 일시적인 자유함을 누린다.

결국, 영화 기획자는 이 지점을 해결하기만 하면 흥행에 성공할 수 있다. 일시적이나마 관객에게 자유함을 누릴 수 있게 하는 방법은 우리의 결핍을 채워주어야 한다.

인간의 욕구 이론으로 알려져 있는 〈매슬로우 욕구 5단계 이론〉을 한 번쯤 들어 보았을 것이다.

(1) 1단계: 생리적 욕구

(2) 2단계: 안전의 욕구

(3) 3단계: 사랑 소속의 욕구

(4) 4단계: 존경의 욕구

(5) 5단계: 자아실현의 욕구

이렇게 다섯 가지로 구성되어 있다.

욕구 충족은 1단계에서부터 차례대로 충족되는 것이고, 1단계 욕구가 충족되지 않은 상태에서는 5단계 욕구를 바로 충족할 수 없다.

그런 의미에서 1단계 욕구부터 4단계 욕구를 한 번에 채워줄 수 있는 것은 무엇일까?

바로, '가족'이다. 우리의 삶에서 가족은 중요한 존재이며, 필수적인 것이다. 어린아이 시절에는 가족을 통해 생리적인 욕구를 충족시킨다. 아버지가 되면 자녀에게 존중받는 부모가 되고 싶은 욕구도 생기기 마련이다.

그런데 안타깝게도 사랑이 식어진 오늘날에는 '깨어진 가정들'이 적지 않아 보인다. 뉴스에는 부모-자식관계에서 발생한 믿기 힘든 일들이 적잖게 보도되고 있다.

오죽하면 예수님께서 마지막 때가 되면, "형제가 형제를, 아버지가 자식을 죽는 데에 내주며 자식들이 부모를 대적하여 죽게 하리라"(마 10:21)라고 하셨겠는가.

충격적인 사실은 오늘날의 가정이 부모와 자식 간에 사랑의 욕구를 채우지 못한다는 것이다. 그렇기 때문에 영화를 통해 가족의 갈등과 화해가 사랑 안에서 해소되는 자유를 누릴 수 있는 메시지에 반응한다. 흥행 영화의 공통점이 '가족'이라는 소재가 될 수밖에 없는 이유는 이처럼 분명하다.

'가족''의 소재가 너무 진부한가?

전도서에서 말한대로다.

> 해 아래는 새 것이 없다(전 1:9).

가족이라는 소재를 "어떻게 스토리화 하느냐"에 따라 새로운 느낌을 줄 수 있다. 영화를 보는 관객의 욕구 충족에 있어 '가족'만큼 강한 트리거는 없다. 그렇기에 누가 '가족'이라는 소재가 진부하다고 해도 흥행을 위해서라면 '가족의 이야기'는 결코 빠질 수 없는 것이다.

그렇다면, 진부함을 좀 피하기 위해 장르의 특성을 잘 활용한다면 어떨까?

과거를 다루는 시대극이거나 미래를 미리 보여주는 공상과학영화(SF)나 판타지 장르가 확실히 흥행에 유리하다. 한국은 미국 할리우드의 자본 규모를 따라가지 못하기 때문에 SF나 판타지적 장르 영화는 경쟁력이 없어 보인다.

그러니 기획 단계에서 막대한 자본 투자에 성공하여 영화화가 되기는 '하늘의 별따기'인 것이다. 거대한 중국 자본이 투입된 〈신과 함께〉라는 영화는 한국의 토속신앙을 바탕으로 사후 세계를 그린 반성경적 영화이다. 실제 인간의 형상을 지닌 사탄이 등장할 만큼 영적이다. 아직까지 성경 스토리를 바탕으로 한 한국의 극영화는 없다.

2) 흥행의 두 번째 요소는 '감독의 역량'인데, 여기서 역량이라 함은 연출력이라고 봐도 된다

영화의 연출력을 인정받은 감독은 공통적으로 영화 속에서 장면마다 의미를 부여한다는 점이다. 등장인물의 대사 하나조차도 의미 없는 것이 없다.

그만큼 스토리가 탄탄할뿐더러 배우의 신들린 연기, 탁월한 미술(소품, 의상, 공간 인테리어와 같은 시각적 영역), 상황에 맞는 찰떡같은 음악에 의미를 담는다.

또한, 연출력이 뛰어난 감독은 '영화의 3요소'라고 말하는 '인물, 사건, 배경'을 상징적으로 활용한다. 즉, 영화를 보는 관객에게 영화에서 보이는 것 이면에 감독의 깊은 뜻을 숨겨놓기도 한다. 상징적인 장면을 통해 관객에게 생각하게 만들고 확대 해석도 가능하게 만든다. 상징적 메시지와 장면은 관객의 호기심을 자극하는 마케팅으로서도 잘 활용된다.

전 세계가 주목하는 한국을 대표하는 감독들은 하나같이 영화를 상징적 도구로 활용한다. 영화는 사람의 감정을 건드리는 매개로서 감정을 통해 영혼에 크고 작은 영향을 미치기 마련이다. 따라서 감독 예술인 영화는 총책임자인 감독의 영향력이 클 수밖에 없다.

지금까지 한국 영화 산업의 배급 구조와 흥행 영화에 대한 이야기를 풀어놓았다.

배급이 흥행에 큰 영향을 미친다는 것을 설명했고, 흥행 영화를 연출한 감독과 영화 속 메시지를 통해 막시즘의 영향을 받을 수밖에 없는 역사적 흐름을 읽을 수 있다는 것도 나누었다.

영화는 종합예술로서 다양한 파트의 전문가들이 연합하여 하나의 작품으로 만들어진다. 총사령관인 감독의 기획과 연출 방향대로 결과물이 나오기 때문에 흔히들 '감독 예술'이라고 부른다.

감독이 어떤 세계관을 가지고 있느냐에 따라 감정 몰이를 가져올 수 있고, 그 감정 몰이를 통해 선악의 가치 기준을 전복시키기도 한다.

'K-Culture 시대'라고 불리는 요즘 전 세계적으로 한국 영화, 한국 콘텐츠가 주목받고 있다. 봉준호 감독의 〈기생충〉과 같은 연출력에 성경적 세계관이 반영된 메시지가 세상에 나온다면, 기독교 영화 시장의 판은 크게 바뀔 것이다.

현재 흥행 영화의 감독들이 반성경적 메시지를 수위 높여 생산해 내고 있다는 점에서 참으로 통탄해하지 않을 수 없다.

Part 2

메시지를 통해 침투하는 세계관

제1장　동성애는 아름다운 것이라 말하는 〈왕의 남자〉

제2장　미국을 괴물로 만들어버린 〈괴물〉

제3장　노무현을 대변하는 〈변호인〉

제4장　외면받는 우리 아버지의 이야기 〈국제시장〉

제5장　공산주의자 김원봉과의 연합 〈암살〉

제6장　기업을 사회악으로 치부해버리는 〈베테랑〉

제7장　이승과 저승을 오가는 〈신과 함께〉

제8장　자본주의에 회의를 느낀 〈기생충〉

겉으로만 보면 굉장히 마음을 울리고 깊은 여운이 있는 감동적인 영화들이지만 메시지 속에서 반성경적 문화 코드를 심심찮게 접하게 된다. 감독 각자의 기준으로 바라보고 있는 세상에 대한 관점이 영화 속 한 장면 한 장면마다 녹아져 표현되고 있다. 장면마다 상징성이 많이 담겨있는 영화일수록 전문가들은 우수한 작품으로 인정한다.

각종 영화제에서 수상하는 영화들의 한 가지 특징이 선과 악의 대결 구조 속에 선과 악이 성경에서 정의하는 선, 악과 반대인 것을 쉽게 알아차릴 수 있다. 영화에서 선이라고 주장하는 가치가 성경에서는 악이라 정의되고, 영화에서 이것은 악이라고 말하는데 성경에서는 선이라고 정의한다. 선과 의를 가장한 악의 가치가 영화에 교묘히 녹아있는 것이다.

20세기 공산주의 사상을 주창한 칼 마르크스(Karl Marx, 1818-1883)라는 철학자는 자본주의를 부정하기 위해 부르주아(Bourgeoisie) 계급과 프롤레탈리아(proletariat) 계급이라는 두 계급의 구조를 만들었다.

부르주아 계급은 돈을 가진 이기적이고 탐욕적인 존재로 대중에게 인식시키기 시작했다. 그렇게 부르주아 계급은 자연스럽게 사회악의 존재가 되어버렸지만, 경제 계급의 철폐라는 이론적 한계에 부딪히자 선과 악의 이분법의 구조를 다른 대상에 적용했다.

부르주아 계급이라고 여겨지던 지배 계층은 기독교, 백인, 이성애자, 남자, 부자와 같이 악하다고 낙인이 찍었고, 반대로 프롤레탈리아 계급의 대상인 비서구 문명, 유색인종, 성소수자, 여성에 해당하는 불쌍한 사회적 약자는 선으로 규정되었다.

이 논리 구조를 정치적으로 활용하게 되면서 '정치적 올바름 또는 PC(Political Correctness)주의'라는 정치적 도구로 사용하게 된다.

미국에서 정치적 올바름 또는 PC(Political Correctness)주의가 할리우드 영화 속에 반영됨으로써 많은 대중의 생각은 이미 좌경화되어 버렸다.

거짓 자유를 선동하는 소위 자유주의자들, 영어로 "리버럴"(Liberal)이라고 하는 지식인들과 개인의 자유를 지키고 보존하고자 하는 보수주의자들과의 대립이 심해지고 있다.

특히, 미국의 리버럴(Liberal)들은 영화를 활용하여 이데올로기를 관객에게 주입시켜 왔다.

혹시 할리우드 영화를 보면서 뭔가 모를 불편함이 마음속에 몽글몽글 올라온 적이 있는가?

이정훈 교수는 『성경적 세계관』에서 이 현상에 대해 자세히 소개한다.

> 미국에서는 이러한 정치적 자유주의에 마르크스-레닌주의 사상이 끼어들고 영향력을 점차 확대하면서 '가치 중립의 원칙'이 변질되기 시작합니다.
>
> 소수자의 동등한 정치적 자유를 보장하기 위한 정의의 원칙들이 중립에서 올바름으로 바뀌었습니다.

소수자의 권리를 보호하기 위해서는 중립성에 머무를 것이 아니라, 소수자에 대한 혐오 표현 등을 적극적으로 제재해야 한다는 식의 정치 운동이 세력을 얻게 됩니다.

소수자는 특별한 보호를 받아야 하니까 소수자들에 대해 비판하는 것은 약자를 공격하고 혐오하는 것이라는 주장이 힘을 얻게 됩니다.

소수자에 대한 부정적인 표현들은 혐오 표현으로 낙인찍어 쉽게 정죄하는 상황에 이르게 되었죠.

여기에 더해 "올바른 말만 하라"라는 강요와 함께 혐오 표현을 법적으로 제재하기에 이릅니다.

이에 따라, 당연히 표현의 자유는 위축되었습니다.

이처럼 혐오 표현에 대해 법적인 제재를 가할 수 있을 만큼 표현의 자유는 위축되었다. 이러한 상황은 문화를 통한 사상 주입이 있어 왔다는 것을 깨달을 수 있는 대목이며, 문화막시즘의 확실한 열매이다.

다양한 영역에서 열매를 맺고 있는 문화막시즘의 현상들은 영화 산업에서 두드러지게 나타난다. 우리나라도 대부분의 감독 역시 본인이 의도하든, 의도하지 않든 다양한 루트로부터 문화막시즘의 영향을 받았을 것이다.

그래서 문화막시즘의 사상적 흐름을 알지 못하고 영화를 해석한다면 감독이 표현한 장면의 상징적인 뜻을 정확하게 분별하기 어렵다.

세계가 주목하는 한국의 감독들이 있다. 봉준호, 박찬욱, 이창동, 홍상수, 김기덕 감독이 대표적이다. 다섯 명의 감독들은 매년 세계 3대 국제영화제인〈칸 영화제〉,〈베를린 영화제〉,〈베니스 영화제〉에서 수상을 차지한다.

이 감독들의 영화들이 블록버스터가 아님에도 불구하고 상을 받는다. 수상작들의 공통점을 분석해보면, 교회 해체와 젠더 이데올로기를 주장하는 가치가 내포된 메시지를 전달하고 있음을 알 수 있다. 이는 반성경적 영화들이 급격히 늘어나고 있는데, 전 세계 관객들이 반성경적 메시지에 반응하고 있다는 것이다.

박찬욱 감독의 복수 시리즈 영화로〈올드보이〉,〈복수는 나의 것〉,〈친절한 금자씨〉는 매우 잘 알려져 있는 작품인데, 이 영화들을 보면, 복수를 통해 굉장히 통쾌한 감정과 카타르시스를 느끼게 한다.

박찬욱 감독은 염세주의적 인간관을 가지고 있으며, 그에 따른 폭력에 집중하기를 좋아한다. 세 영화는 스토리와 캐릭터가 다르지만, 패턴화된 메시지를 보면 박찬욱 감독이 추구하는 가치와 생각, 그리고 세상을 바라보는 시선까지 알 수 있다.

결국, 인간의 끝은 허무와 허망함뿐이라는 메시지를 전달하는데 자극적인 장면과 폭력을 적나라하게 그림으로서 자신의 세계관을 드러낸다. 이를 통해, 인간에게 결코 구원은 없으며, 인간은 희망이 없는 공허한 존재라고 믿는다. 이점에서 기독교 세계관과 충돌한다.

또 영화 〈밀양〉과 〈시〉는 어떤가?

마찬가지로, 영화를 통해 이창동 감독의 세계관이 드러난다. 이창동 감독의 영화는 키워드가 '용서'이다.

〈밀양〉은 피해자의 입장에서 용서인지에 대해 말하고 있고, 〈시〉에서는 가해자 입장에서 밀하는 속죄, 자기 자신에 대한 용서를 말한다. 〈밀양〉에 등장하는 주인공인 배우 전도연은 교회를 다니기 시작한 초신자이다. 극 중에서 당사자인 본인에게 사과도 없이 "하나님이 살인범을 구원하셨다"는 값싼 구원론 앞에 모든 신념은 무너지고 하나님을 적대시하게 된다.

하나님의 관점에서 기독교를 바라보는 것이 아니라 인간의 관점에서 피해자에게 공감할 수 있도록 유도한다. 신을 인정하지 않는 무신론자에게는 너무나 설득력 있는 메시지이다.

살인자의 말 한마디에 배교하는 극 중 캐릭터는 단 한 번이라도 예수 그리스도를 살아계신 하나님이라고 믿어 보기나 한 것일까?

〈밀양〉의 이창동 감독은 예수 그리스도의 값싼 구원을 현실에 반영하고 싶었던 것은 아닐까?

제1장
동성애는 아름다운 것이라 말하는 〈왕의 남자〉

2003년 〈실미도〉, 2004년 〈태극기 휘날리며〉를 이어 한국에서는 세 번째로 천만 관객 돌파했던 영화가 바로 〈왕의 남자〉이다.

〈왕의 남자〉는 조선 시대 연산군이 집권하던 시기, 광대들의 시선에서 벌어지는 사건을 그렸다. 당시 '남창'이라는 주제적 사건이 드물었기에 희소적 가치가 대중에게 먹혀들었던 것 같다.

2000년대만 하더라도 동성애에 대한 인식이 대중에게는 좋지 않았음에도 불구하고 동성애 코드의 메시지가 대중에게 받아들여졌다는 것은 지금의 차별금지법의 입법 찬성의 목소리가 이렇게 커질 수 있는 전조가 아니었나 싶다.

〈왕의 남자〉를 통해 집중적으로 다루고 싶은 주제는 젠더 이데올로기이다. 젠더 이데올로기를 통해 어떻게 가정 해체가 이루어지는지를 다루고자 한다. 최근 미디어 트렌드 중 하나가 퀴어 코드이며, 법과 정치 영역에서도 여가부 폐지, 차별금지법과 페미니즘을 놓고 남녀 갈등이 이 시대 가장 큰 논란 중 하나이다. 이미 10년 전 이 영화를 통해 사회의 논란거리를 다루었다는 점이 참 흥미롭지 않은가.

1. 공길을 두고 긴장감이 발생하는 삼각관계

다시 영화로 돌아와 〈왕의 남자〉에서 관객에게 미치는 영향을 살펴보자.

상놈인 공길(이준기)은 곱상하게 생겼다. 외모가 여자보다 매력적인 면모 때문에 양반들에게 '성 상납'을 당한다. 반면, 공길의 남창을 막는 동료 장생(감우성)은 외모나 성격이나 누가 봐도 상남자 스타일이다.

남창을 피하기 위해 둘은 도망가기로 결정한다. 도성을 빠져나오던 중 죽을 위험에 처한 장생을 구하기 위해 공길은 남사당의 리더를 낫으로 찍어 죽인다. 여성스러운 공길은 '살인을 저질렀다'는 사실에 극도로 불안해한다. 장생은 피 묻은 공길의 얼굴을 닦아주며 위로한다.

이 둘의 관계는 일반적인 남자들의 우정의 관계가 아닌 애틋한 브로맨스(남성 간의 친밀하고 깊은 우정, bromance, Brother와 Romance의 합성어)관계의 시작을 알린다. 영화는 장생과 공길의 직접적인 사랑을 그리진 않지만 둘의 관계에 연산군이 개입하면서 발생하는 묘한 삼각관계를 보여준다.

한양으로 도망쳐 온 장생과 공길은 인생 2막을 새롭게 출발하는 길이 열린 듯 보인다. "많을 돈을 벌 수 있다"라는 부푼 마음을 안고, 한양에서 가장 큰 판을 벌이려던 차에 왕(연산) 앞에까지 가게 된다.

그런데 왕을 대면한 장생과 공길의 관계가 서서히 금이 가기 시작하는데, 그 이유는 왕이 공길의 매력에 빠졌기 때문이다. 왕이 이후 공길

에 대한 욕망으로 가득 차기 시작하면서 후궁인 녹수로도 만족하지 않는 상황까지 온다.

이윽고 공길을 따로 불러들인다. 이 모습은 조선 시대의 계급 사회에서 일어날 수 없는 일이 일어난 것이다.

연산(정진영)은 어머니 폐비 윤씨가 후궁들의 모함에 사약을 받아 죽게 된 트라우마를 가진 왕이다. 트라우마로 인해 폭군이 되었고, 불안 증세도 있어 보인다. 어머니의 사랑과 보호를 받으며 자라지 못한 연산은 여성에 대한 혐오와 애정 결핍으로 인해 남자인 공길을 사랑하게 된다.

진정한 남녀 간의 사랑이 아니라, 성적 욕구를 채우는 대상으로서 여성성이 짙은 남자에게 성적 매력을 느낀다. 고작 광대 하나에 미쳐 성적 집착이 점점 심해지는 모습은 오늘날의 동성애 문화와 닮아 있다. 시대와 상황은 달라도 '동성애관계의 성적 욕구 해소'라는 측면에서는 지금과 크게 다르지 않다.

그러나 연산과 공길의 동성애 코드가 이 영화가 흥행할 수 있었던 요인은 아니었다고 본다. 더욱 중요한 관계는 공길과 장생의 관계이다. 이 둘의 동성애적 감정선에서 신파 요소를 충족했고, 관객이 몰입할 수 있도록 긴장감을 주는 관계적 장치였다. 한 여자를 두고 두 남자가 대결하는 오늘날의 삼각관계를 조선 시대에 세 남자의 삼각관계에 적용한 것이다.

장생은 공길이 왕과의 관계가 깊어지자, 질투의 감정을 느낀다. 공길을 빼앗기지 않고 싶은 장생은 "또다시 도망쳐야 한다"라는 본능이 발동한다.

우리가 시키는 대로만 하는 꼭두각시냐?

이 대사를 통해 '광대'라는 천한 신분 속에서도 주체성을 찾고자 하는 장생의 남성성이 드러난다. 그러나 공길은 장생의 말대로 순순히 따라주지 않는다. 떼어놓으려는 자, 회피하려는 자, 취하려는 자, 이 세

남자의 내면 갈등이 치열한 전형적인 삼각관계 구조를 이룬다.

연산은 신하들의 절대 반대에도 불구하고 공길에 대한 집착이 사그라지지 않는다. 공길과 함께 시간을 보낼수록 공길의 매력에 빠져든다. 불안 증세가 심해진 왕은 시도 때도 없이 공길을 찾는다. 고독한 왕의 곁에는 늘 공길이 있다. 연산의 모습에 가여움을 느끼고 연산의 눈물을 닦아주는 행동은 진심 어린 브로맨스의 감정을 아름답게 그려낸다.

연산이 공길에게 집착하는 이유를 '외모'라고 생각하면 영화에 깊이 공감할 수 없다. 공길은 왕의 성적 대상인 동시에 자신의 상처를 공감해 주는 둘도 없는 친구이기 때문이다.

자신의 말을 진지하게 들어주고 곁을 지켜주는 사람!

이런 이는 그 어디에도 없었다. 신하들은 반발하고, 후궁은 시기심과 질투심에 가득 차 연산의 마음을 둘 곳이 없었기 때문이다. 유일하게

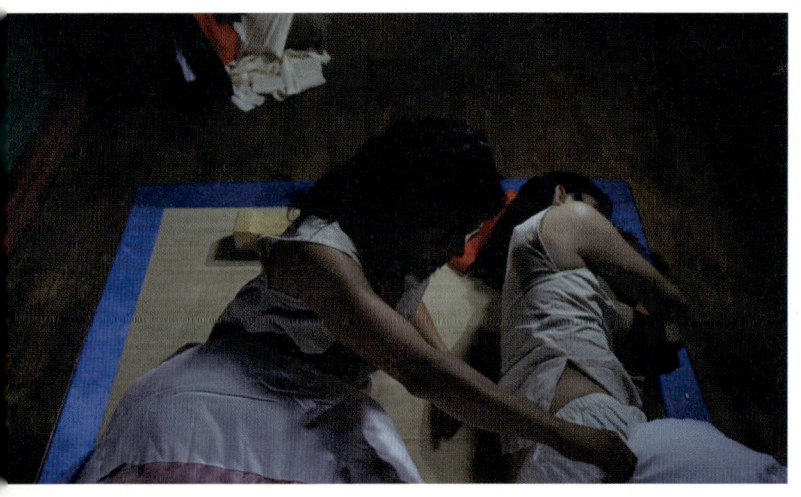

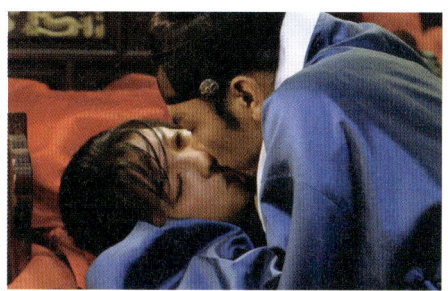 

공길만이 연산의 말을 들어주고 존중해 주고 권위를 인정했다.

연산과 둘만의 시간을 보낼 때도 항상 들어 주었으며, 최선을 다해 '인형 놀이 퍼포먼스'를 선보였다. 연산이 녹수를 버렸던 시기도 공길의 인형 놀이 이후부터다.

아마도 연산에게 공길의 인형 놀이의 인상은 매우 강했을 터이다. 인형 놀이를 보고 좋아하는 왕에게 미소로 끼를 부린 공길의 마음도 진심이었다. 공길의 타고난 순수한 성격도 한몫했다. 공길은 연산의 사랑을 독차지하게 만들었고, '왕의 남자'로서 키스까지 받아야 할 빌미를 제공한 것이다. 연산은 공길에게 점차 안정감을 느끼게 되면서 집착도 점점 심해진다.

연산에 대한 이야기에서 이제 공길에게 주제를 옮겨보자.

공길 역시 단 한 번도 여자에게 사랑을 느낄 틈이 없었다. 공길의 과거는 알 수 없지만 양반에게 성상납을 해야 하는 수동적인 신분이었다. 지금까지 장생의 보호 아래서 그를 의지하며 살아왔다.

모든 선택권과 주도권은 장생에게 있었으며, 늘 끌려다니는 입장이었다. 위기에 처했을 때도 항상 장생의 도움으로 구원을 받았으며, 광대놀이도 장생이 없으면 하지 못한다.

사실 영화의 주인공이자 가장 주목을 받아야 할 인물이 바로 '장생'이다. 장생은 광대로서의 자질도 있고, 리더로서의 추진력도 있는 매력적인 인물이다. 그러니 장생이 없었으면 왕은 공길을 만날 수도 없었다. 장생은 상남자 성격으로서 공길을 늘 뒤에서 지켜보며 짝사랑을 했지만, 공길의 선택을 받지 못하는 캐릭터이다.

어찌 보면 감독이 그리고자 하는 동성애 코드는 장생과 공길의 관계이다. 장생의 비중이 공길에 비해 적지 않고, 장생의 심리 상태를 적극적으로 표현하도록 허용한다.

 공길이 양반에게 성 상납을 할 때도 광대놀이의 동료이기 때문에 보호하기보다 너무 쉽게 자신의 몸을 내주는 공길의 태도에 시기심을 느껴서 그토록 반대한 것으로 추측해 볼 수 있다.

 자신을 살리기 위해 남사당패의 두목을 죽인 공길의 피묻은 얼굴을 닦아주는 장생의 모습은 이미 사랑의 관계임을 알 수 있는 대목이다. 연산에게 불려 간 공길이 "왕의 성적 대상이 될까" 장생은 노심초사한다. 말로 표현하지 않아도 장생의 감정이 표정과 분위기를 통해 다 드러난다. 장생은 공길을 위해서라면 목숨까지 버릴 준비가 되어 있다.

 공길이 왕과 함께 사냥놀이에 나갔을 때도 장생은 그가 위험할 것이라는 것을 직감한다. 사냥놀이의 동선을 이미 다 꿰뚫고 있는 장생은 길목에서 기다렸다가 공길의 목숨을 구한다.

 그뿐만 아니라 녹수의 모함으로 인해 분노한 왕이 공길에게 해를 가할 수도 있는 위기 상황에서 불사조처럼 나타난다. 그리고 자신이 모함을 뒤집어쓰고 공길을 구해낸다. 공길을 사랑하는 마음을 증명하기 위해 장생은 자신의 목숨까지 내놓는다.

죽음보다 강한 아름다운 사랑 이야기 아닌가!

이처럼 이 영화는 처음부터 끝까지 세 남자의 미묘한 감정선에 집중한다. 조선 시대 가부장적 유교 문화에 동성애가 허용되지 않았음을 고려하면, 이 영화는 시대를 역행하는 메시지이다.

모든 것을 가진 최상위 계급의 '왕'이 가장 천한 '광대'에게 사랑에 빠졌으니, 계급 질서는 파괴될 수 있음을 보여주었다. 왕의 판단력은 흐려지고 국정 운영과 내부 갈등은 파국으로 빠져들었다. 친구 광대는 자신의 진심을 표현하기 위해 끝내 자기 신체를 훼손당해야만 하는 비극적 결말을 맞았다.

감독은 이런 비극으로 마무리함으로써, 관객에게 '동성 간의 사랑도 아름다운 것이다'라는 메시지를 설득하고자 했다. 이는 비극적 결말을 통해 해피앤딩의 결말보다 더욱 파격적 효과를 주는 방법을 사용한 것이다.

이런 감독의 전략은 통했다. 많은 관객이 설득당했고, "동성 간의 사랑도 아름다울 수 있다"라는 것을 대중에게 인식시켰다.

2. 동성애는 이렇게 아름다운걸?

영화를 보는 중에는 동성애 코드가 불편하고 어색할 수도 있다. '동성애도 이성애와 다를 바 없는 사랑이야'라는 메시지를 팔기 위해 감독은 조선 시대와 유교문화, 신분사회, 광대라는 재료들을 가져와 맛있어 보이도록 요리했다. 먹으면 건강에 좋지 않은 줄도 모르고 맛있다는 이유로 많은 사람이 먹었다.

인스턴트 음식을 먹으면 당장 병에 걸리지는 않는다. 그러나 콜레스테롤이 몸에 차곡차곡 쌓이게 되면 조금씩 몸이 반응하기 시작한다. 또한, "혈관에 문제가 생겼다"라는 진단을 받고 나서도 인스턴트 음식을 끊기란 쉽지는 않다.

동성애도 마찬가지다. "동성 간의 성관계를 통해 에이즈가 걸린다"라는 의학적 근거가 충분함에도, 사람들은 "동성 간의 성관계로 인한 질병이 아니다"라고 주장하면서, 에이즈의 원인은 다른 곳에 있을 거라고 말한다. 이는 동성애자를 사회적 약자로만 생각하는 것이다.

"동성애는 죄"라고 말하는 기독교를 향해 "예수님이 그렇게 가르쳤느냐"라면서 진정한 사랑을 왜곡하여 받아들이고 있다. 기독교를 배타적이고 무조건 반대만 하는 '보수 꼴통 집단'으로 인식한다. 개신교와 기독교라는 용어를 합쳐 '개독교'라고 비하하는 말들도 난무하게 되었다. 정치꾼들은 진실을 외면한 채 젠더 이데올로기의 문제를 정치적 도구로 활용하여 지지를 받고 있다.

성경의 관점에서 동성애는 죄라고 명백하게 말한다. 성경적 세계관으로 영화를 보기 위해, 젠더 이데올로기에 대해 알 필요가 있다.

생물학적으로 인간의 양성은 '남자와 여자' 두 가지로 분류하고 있다. 문화막시스트들은 '성 정체성'에 대한 기존의 질서를 파괴하려는 시도들을 하고 있다. "남자는 남성다워야 하고, 여자는 여성스러워야 한다는 전통적인 관점은 잘못되었다"라고 주장한다.

문화막시스트들은 이러한 양성에 대한 개념을 재정의하기 시작했다. "남성도 여성스러울 수 있고, 여성도 남성스러울 수 있다"라는 것이다. 또한, "개인의 선택에 따라 성(젠더)를 결정할 수 있다"라는 주장을 펼치고 있다. '남자는 남자답게, 여자는 여자답게 행동해야 한다'라는 고정관념에서 벗어나는 것이 '진보적'이라고 말한다.

더 나아가, "이러한 관습은 해체해야 한다"라고 주장한다. 전통적인 남성과 여성의 역할을 무효화시키고 성 정체성을 자신이 자유롭게 결정할 수 있는 사회가 되어야 한다고 외친다.

재미있는 것은, 문화막시스트들은 식물학에서 암컷과 수컷의 생식기(genitalia)를 모두 보유한 생물체(organisms), 곧 '자웅동체'의 개념을 가지고 왔다는 것인데, '자웅동체'는 암수의 생식기를 모두 가지고 탄생해 자라면서 암수의 기능, 또는 성질이 결정된다고 한다.

문화막시스트들은 이 개념을 사람에게도 적용했다. "식물학에서는 두 개체가 교미를 통해 수정하는 생물도 있지만, 동일체로 혼자 수정하는 경우도 있지 않냐"라는 것이다. 이를 이용해 남녀 양성에 대한 관점을 재해석하고, 젠더 이데올로기를 설득하는 것이다.

창조주의 존재를 부인하는 유물론자와 인본주의자는 인간이 영적 존재라는 것을 알지 못한다. 과학과 진화론이라는 인본 중심의 철학을 교육받아 왔기 때문에 인간이 다른 생물과 다르게 특별하다는 것을 창조적 관점에서 보지 않는다. 호모 사피엔스로부터 사람으로 진화해 왔다는 얕은 지식에 파묻혀 하나님이 땅의 흙으로 사람을 지으시고 생기를 그 코에 불어 넣으셔서 사람이 생령이 되었다는 진리의 말씀은 들려지지 않는다. 그저 종교적 맹신으로 비난할 뿐이다.

2005년 개봉 당시 동성애에 대한 인식이 좋지 않았던 사회적 분위기를 감안하면 지금 동성애를 바라보는 시각은 180도 변했다고 해도 과언이 아니다. 프랑스 68혁명 때부터 각 영역에 침투한 신좌파 사상의 영향력이 2000년 대로 들어서면서 어느 정도 먹혀들어 간 것이다.

68혁명은 정통 마르크스주의의 한계를 교훈 삼아 단결 투쟁을 통한 공산주의 체제로의 전환은 불가능하다는 것을 알게 된 것이었고, '진지전을 펼쳐야 한다'라는 전략을 세운 것이다. 그래서 학교, 교회, 공동체, 단체, 정부 등을 통해 신좌파 사상이 스며들어서 반기독교적 진지를 구축하기 시작했다.

보이지 않는 문화 안에서의 이데올로기 전쟁에서 승리의 함성이 들려오고 있다. 이탈리아 마르크시스트이자 정치사상가인 안토니오 그람시(Antonio Gramsci, 1891-1937)가 주창했던 대로 각 영역의 기관들이 적극적으로 활약해 준 덕분에 진지전에서 성공적으로 장악해 오고 있다.

또한, 짧은 기간에 끝장을 보는 투쟁을 통한 장악이 아니라 장기전을 계획했다. 1968년부터 지금까지 무려 60여 년 동안 진행해 오고 있는 장기 프로젝트의 성과들이 나타나고 있다.

대표적인 열매로 미국의 'PC주의를 활용한 여론몰이'라고 할 수 있겠다. 이것은 그람시의 전략이 기가 막히게 실행되고 있는 셈이다. PC주의자들은 68혁명을 시초로 해서 지금까지 철저하게 준비하고 각 영역에서 투철한 혁신을 보여주고 있다. 미국의 엘리트 집단과 지식인들이 PC주의에 매료되어 사회에서 적극적으로 활동하고 있는 것도 그들의 열매이다. 이미 미국의 많은 지식인과 엘리트로 불리는 인재들은 정치적 올바름과 다양성을 지지하고 있다.

더 나아가, '교육과 문화 영역에서 다음세대에게로 전수해야 한다'라는 사명감을 가지고 있다. 언론을 장악해 버린 전교조 교사들은 학교에서 진화론과 유물론을 기반으로 학생들을 가르친다. 무신론을 선포하고 자본주의 체제에서 경쟁의 폐해만을 강조한다. 소수자나 약자의 인권은 무조건적으로 보호해야 하기 때문에 국가나 법의 차원에서 정치적인 중립보다 평등과 공정이 더 중요하다고 교육한다.

교계에서도 크게 다르지 않다. 동성애, 페미니즘, 젠더 이데올로기에 관하여 인본주의적 관점으로 성경 해석하고, 신학적 이론을 연구하기 시작했다. 무천년설과 대체 신학도 이런 맥락에서 탄생했다고 본다.

68혁명으로 이어져 온 문화막시즘의 흐름을 보면, 기존의 권위와 근대적 위계를 부정하고 비판하는 것으로부터 출발한다. 거시적으로 제도권의 영역에서보다 미시적으로 개인과 가정의 차원에서 전통적으로 지켜오고 있는 질서에 해당하는 것은 편견에 해당한다. 그래서 무조건적인 비판을 긍정적으로 본다. 문화막시스트들은 니체의 이론에도 영향을 받아 비판 이론을 흡수했다.

특히, 덕과 죄악의 가치 전도를 통해 생각의 대전환을 시도하기도 한다. 과거에 죄악에 해당하는 행태는 덕이 되고, 덕에 해당하는 행태가 죄악이 되도록 비판적 인식을 받아들였다. 지속적인 비판을 즐기는 사람들은 이제 사회 내에서 전통적 가치관을 추종하는 사람들을 '파시스트'로 분류하기에 이른다. 문화막시스트들은 이런 식으로 사회에 저항하고 있다.

미국은 "다양성을 허용하는 사회가 옳다"라는 다문화주의를 받아들이고 있다. 미국이 다원화되는 현상을 토대로 정치적 올바름은, 결국 정치 세력으로 자리잡게 된다. 남과 여, 이성애자와 동성애자, 백인과 흑인, 부르주아와 노동자 등 대립관계를 극대화하여 사회적 약자, 소수자, 빈곤층에 해당하는 여성, 동성애자, 흑인, 노동자는 선으로 간주하고 반대로 남성, 이성애자, 백인, 기업가들은 악이라고 간주한다.

문화막시스트인 허버트 마르쿠제(Herbert Marcuse, 1898-1979)는 '해방적 관용'이라는 용어를 사용하여 "이들을 받아들이고 포용할 수 있는 것이 관용이다"라는 덕을 내세웠다. 이것이 바로 PC주의자들이 어떤 상황에서도 반대되는 입장에 대해 허용하지 않고 저항하는 이유인데, 사람들의 생각은 점점 PC주의가 올바른 가치라고 굳어지고 있다.

중요한 것은 문화혁명에 있어서 가장 큰 걸림돌이 되는 것은 '기독교 문화'이다. 기독교를 중심으로 한 서구 문명은 개인의 자유가 보장되는 자유민주주의 체제와 자본주의 사회를 추구하기 때문이다. 사유재산의 보장과 자본주의 제도가 중요한 서구 기독교 문화는 문화막시스트들의 문화혁명에 방해가 된다고 여긴다.

그뿐만 아니라 서구 기독교 문화의 도덕의 기준이 되는 '하나님의 율법'은 전통적 질서를 중요시 하며, 성적인 행위에 대해 엄격하고, 지켜야 할 규율이 많다.

이 때문에 문화막시스트들은 기독교인들이 존재하는 한 문화혁명은 불가능하다고 판단하고 있다. 결국, 모든 전략의 방향성이 기독교의 파괴로 맞춰지게 되는 것이다.

그렇다면, 대중의 인식은 어떻게 변화하고 있을까?

이제 미국을 넘어 한국과 전 세계로 문화운동이 침투해 대중의 세계관을 변화시키는 과정 중에 있다.

〈왕의 남자〉가 천만 관객을 돌파하며 문화막시즘의 위기를 알렸고, 이후 〈쌍화점〉과 〈아가씨〉라는 영화를 통해 한국적 동성애에 관한 메시지가 전 세계에 인정받음으로써 많은 대중의 인식을 변화시켜 왔다.

최근에는 넷플릭스를 비롯한 OTT 플랫폼과 유튜브를 통해 수많은 퀴어(성 소수자 또는 동성애자) 영화가 나오고 있으며, 드라마와 예능까지 콘텐츠 문화를 일정 부분 장악해 버렸다. 이처럼 동성애뿐만 아니라 반성경적인 세계관은 다양한 매체를 통해 무분별하게 노출되고 있다.

반사본주의는 가장 내중직인 메시지이고, 페미니즘과 여성 해방, 종교통합, 기독교 혐오, 역사 왜곡, 세대 갈등과 같은 전통적 가치를 비판함으로써 억압으로부터의 해방을 주장하는 메시지들이 주류로 환영받고 있다. 대중은 이러한 메시지를 무분별하게 소비해왔고, 너무나 자연스럽게 반성경적 세계관으로 무장해 버렸다.

경쟁으로 인해 씻을 수 없는 상처를 받은 노동자는 누가 보호해 줄 것인가?
자본가를 위해 일하는 노동자의 인권은 있는 것인가?
돈이 돈을 버는 사회 시스템은 과연 올바른 것인가?
최저시급은 누구를 위한 법적 장치인가?
여성은 아이를 보는 기계인가?
여성의 육아휴직과 경력 단절을 국가가 보장해 줘야 하는 거 아닌가?
차별을 금지하는 법을 반대하는 기독교인들은 이웃사랑을 실천하지 않는 사람들인가?

이처럼 이제는 개인의 성장과 사회 발전은 뒷전인 채로, 많은 부분이 진영 논리에 갇혀 비판과 이해관계 속에서 '프레임 전쟁'만 하고 있는 실정이다.

놀랍게도 수많은 논쟁 거리는 성경적 관점으로 보면 쉽게 해결될 문제인 것이 분명하다. 진정한 문제는 성경적 세계관을 소유하지 못하도록 방해하고 있는 문화막시스트들의 전략을 분별하지 못하는 것이다. 무엇보다도 '가정과 교회를 해체하고자 하는 반성경적 세계관과 성 해방을 이루려 하는 가치관이 우리를 지배하고 있다'라는 사실을 알아야 한다.

> 우리가 주목하는 것은 보이는 것이 아니요 보이지 않는 것이니 보이는 것은 잠깐이요 보이지 않는 것은 영원함이라(고후 4:18).

성경이 말하는 믿음은 보이지 않는 것을 믿는 '믿음'이라고 정의한다.

우리가 살고 있는 세상은 "동성애가 개인의 자유이며, 낙태와 혼전 성관계는 개인 판단의 문제이다"라고 말한다. 이제 대다수가 정치적 올바름에 대해 반박하는 입장을 취하지 못한다.

매우 자연스럽고 당연하게 우리 생각 안으로 들어왔으며 반대하는 목소리를 외치면 몰지각하고 시대에 뒤떨어진 종교인으로 낙인찍힌다. "보수"라고, "꼴통"이라고, "답답하기 그지없다"라고 비하한다.

마음을 지키는 싸움을 하지 않았더니 우리의 생각이 주류 문화에 의해 지배당해 버렸다.

> 모든 지킬 만한 것 중에 더욱 네 마음을 지키라 생명의 근원이 이에서 남이니라 (잠 4:23).

이 말씀이 말하는 의미는 '대중문화인 영화를 최대한 멀리하고 보지 말라'라는 뜻이 아니다. 영화를 보든 안 보든 이러한 문화혁명의 역사적 흐름을 통해 '영화 안에 침투해 있는 세계관이 무엇인지 알아야 한다'라는 뜻이다.

'동성애가 아름답다는 메시지 속에서 감독이 갖고 있는 세계관이 영화를 통해 어떻게 표현되었는지 알자'라는 것이다. 그래서 '이 시대에 어떤 반향을 일으켰으며, 우리의 시선을 어떻게 빼앗아 갔는지를 냉정하게 돌아보자'라는 것이다.

3. 왕남폐인과 영적 세계

영화계에서 〈왕의 남자〉는 한국 영화 역사에 남을 작품이라고 극찬하고, '가장 천만 영화다운 천만 영화'라고 평가받는다. 오늘날에도 성공하기 힘든 동성애 소재를 십 년 전 스토리에 녹여 내었는데도 천만 관객을 기록했으니 그 가치가 크다고 주장한다. 〈왕의 남자〉가 개봉한 2005년 당시에 이 영화를 삼십 번 이상을 본 사람을 '왕남폐인'(왕의 남자에 빠진 사람)이라고 부를 정도였으니 말이다.

이렇듯 긍정적인 평가가 주를 이루지만, 반대로 "천만 관객의 흥행 요소를 알 수 없다"라는 입장도 있다.

아래는 강성률 평론가의 "〈왕의 남자〉 천만 흥행, 도저히 모르겠다 – 작품이 흥행을 설명해 주는 것은 아니다"라는 비평문에서 글을 발췌했다.

> 도대체 어떤 이유 때문에 관객들이 이 영화를 그토록 열광적으로 찾는 것일까?
>
> 뚜렷한 스타도 없고, 전통적으로 흥행이 잘되지 않았던 사극이며(전통의 상과 세트 재현 때문에 유난히 제작비가 많이 드는 사극임에도 이 영화의 순수 제작비는 41억밖에 되지 않는다), 한국 사람들이 매우 싫어하는 동성애적 요소를 지니고 있는 이 영화에 열광하는 이유는 무엇일까?
>
> 비평가들은 대개 이미 연극에서 검증된 탄탄한 드라마 구조, 볼거리로서의 광대극과 사극, 절대 권력에 대한 비판 등을 그 이유로 든다. 물론 여기서 더 나아가 꽃미남 신드롬을 불러일으킨 배우 이준기의 매력이나 다양한 해석을 가능하게 하는 영화적 장치를 든다.
>
> 즉, 젊은 세대인 이십 대가 보는 〈왕의 남자〉는 "이준기"라는 사람을 중심으로 보는 것이고, 삼십 대 남성은 "감우성"을 중심으로 보는데 반해 장년층은 사극과 마당놀이, 풍자에 중심을 두고 본다는 것이다. 이렇게 서로 보는 시각이 다르기 때문에 다양한 세대의 관객을 불러 모을 수 있다는 것이다.
>
> 여기에 관객 오백만 명을 돌파하면서 하나의 신드롬으로 작용한 것도 빼놓을 수 없는 흥행 요인이다. 남들 다 보았는데 자신만 보지 않으면

대화에 참여할 수 없는 것이다.

그러나 이것이 〈왕의 남자〉의 엄청난 흥행을 설명하지는 못한다. 결정적으로, 이 영화는 남성 관객을 끌어들일 만한 흡입력이 약하다. 〈태극기 휘날리며〉, 〈실미도〉, 〈친구〉, 〈웰컴 투 동막골〉 같은 화끈한 액션이 없다. 그러니 이 영화가 보여주는 볼거리로서의 광대극도 다른 영화의 볼거리와 비교하면 그리 볼만한 것이 아니다. 그 정도의 볼거리는 다른 영화에도 얼마든지 있다. 세대를 넘어 모두가 교감할 수 있는 민족적 알레고리가 이 영화에 들어가 있는 것도 아니다.

동성애적 요소도 불리하게 작용하고 권력에 대한 풍자도 약하다. 게다가 한국 영화와 드라마에서 지겹도록 다루었던 연산군의 이야기를, 그 뻔한 폐비 윤 씨와의 문제를 다시 그리고 있지 않은가.

〈왕의 남자〉가 각 세대가 다양하게 읽을 수 있는 영화라는 분석도 흡입력이 약하기는 마찬가지다. 어차피 관객들은 자신이 처한 입장에 따라 영화를 바라보기 때문에 한 영화를 봐도 모두 다르게 보기 마련이다. 때문에 이 영화만 다양한 읽기가 가능한 영화인 것은 아니다.

무엇보다 그런 분석은 사후처방에 머문다. 엄청난 흥행을 기록한 뒤에 그 요인에 대한 정확히 모르기 때문이라는 혐의가 짙다. '이준기 신드롬'이 이 영화의 흥행 비결을 말해주지는 못한다. 〈왕의 남자〉가 흥행했기 때문에 "이준기"가 하루 아침에 뜬 것이다.

그렇다면, 도대체 어떤 이유 때문에 〈왕의 남자〉는 그토록 많은 관객을 동원한 것일까?

지금으로서 내가 내릴 수 있는 유일한 결론은 '모른다'라는 것이다.
정말 모른다.

이 말을 다르게 표현하면, 이 영화는 기존의 대박 영화들과는 전혀 다른 영화라는 말이다. 기존의 대박 공식을 따랐던, 즉 분단이라는 소재, 엄청난 제작비, 최고의 스타, 와이드 릴리스 개봉을 했던 〈태풍〉의 흥행을 두 배 이상 돌파한 이 영화의 흥행 비결은 아무도 모른다. 과문해서인지 무식해서인지 나는 〈왕의 남자〉의 흥행 요인을 분석한 글을 아무리 읽어봐도 설득력이 있는 분석을 찾지 못했다.

관객의 성향이 바뀐 것인가?

비평가의 눈이 무뎌진 것인가?

중요한 것은, 〈왕의 남자〉는 한국 영화 흥행사에서 새로운 지평을 열었다는 것이다. 〈왕의 남자〉는 여전히 미스터리다.

다소 긴 대중영화 평론가의 글을 발췌한 이유에 대해 설명하려고 한다. 강성률 평론가는 비평문의 제목에서도 말했듯이, "〈왕의 남자〉가 도대체 왜 흥행을 했고, 왜 이렇게까지 열광하는지 모르겠다라면서 기존의 흥행 방식과 맞지 않다"라고 주장한다.

그러나 지금은 말이 다를 것이다. 이미 동성애적 코드의 영화와 예능은 물론 뉴미니어를 통해 수많은 동성애 콘텐츠가 대중에게 인기를 끌고 있다.

〈왕의 남자〉가 인기를 끌었던 이유는 굉장히 영(靈)적인 영화이기 때문이다. 그래서 이 부분에서는 성경을 바탕으로 한 영적인 세계에 대해 말하고자 한다. 영적 존재인 인간은 눈에 보이지 않지만, 영의 지배를 받을 수밖에 없다. 〈왕의 남자〉에서 연산에게 임했던 악령과 동성애의 영에 대한 부분에 주목해 보았다.

먼저는 연산에게 임했던 악령이다.

이는 성경에 사울 왕을 보면 이해하기 쉽다. 〈왕의 남자〉에 나타나는 '연산과 공길의 관계'는 성경 사무엘상의 '사울과 다윗의 관계'와 매우 유사하게 그려진다.

하나님께서는 사울을 통해 아말렉을 쳐서 그들의 모든 소유를 남기지 말고 진멸하기를 바라셨다. 그러나 사울은 "남녀와 소아와 젖 먹는 아이와 우양과 낙타와 나귀를 다 죽이라"고 명하신 하나님의 말씀에 순종하지 않았고, 가치없고 하찮은 것들만 죽임으로서 하나님의 진노를 불러일으킨다.

그로 인해 하나님의 이름 "여호와의 영"이 사울에게서 떠나고 하나님이 다루시는 악령이 사울에게 임하도록 허락하신다. 악령이 임한 사울은 그때부터 이성적인 판단과 왕으로서의 권력남용의 정도가 점점 심해지기 시작했다.

그러나 다윗은 사울에게 임한 악령을 다룰 수 있는 무기가 있었다. 그것은 바로 손으로 수금을 타면 사울에게 임한 악령이 떠나고 상쾌하게 낫게 되는 일들이 일어나기 시작하는 것이다.

영화의 이미지가 사울과 다윗이라는 인물로 동일하게 그려지지는 않지만, 연산은 감정의 기복이 심하고 정신 분열적 이중인격이 있는 왕이다. 사울에게 임했던 악령이 연산에게도 들어간 것이다. 그래서 불안해하고 폭력적인 모습을 가졌다.

그런데 오직 공길의 인형 놀이를 통해서만 비로소 진정된다. 1500년경 조선 시대의 왕이 유대 기독교의 '여호와 하나님의 존재'를 알 리는 없었지만, 지금의 하나님은 그때도 살아계셨다. 그러나 분명한 것은, '눈에 보이지는 않았으나, 영적 세계 안에서 살아가는 연산도 악령의 영향권 아래 있었다'라는 것이다.

'악령'은 타락한 천사 루시퍼(사탄)를 포함하여 수많은 종류가 있지만, 그 중 최고 권위자이자 우두머리이다. 타락한 천사 루시퍼는 지금도 "공중 권세 잡은 자"(엡 2:2)로 "우는 사자와 같이 삼킬 자"(벧전 5:8)를 찾고 있다. 인간들을 죽이고, 멸망의 길로 인도하기 위해 쉬지도 않고 자지도 않는 '영적 존재'이다.

공길이 그 당시에 하나님의 존재를 알고 다윗처럼 하나님의 기름부음 받은 자로서 연산에게 임한 악령을 내쫓았으면 어땠을까?

이런 영화적 상상력을 발휘해본다.

다윗이 사울 앞에서 자신을 낮추는 겸손한 자세 또한 공길이 가진 은사가 아니었을까?

다윗은 하나님께서 기름부어 주신 왕 사울을 철저하게 자신의 주인으로 모셨다. 사울에게 악령이 임한 것을 알면서도, 여호와의 영이 사울로부터 떠난 것을 알면서도, 자신의 위치를 정확히 파악하고 왕 앞에서 충성을 다했다. 다윗은 처세술에 용해서 하나님이 버린 사울 왕의 말에 복종한 것이 아니다.

'하나님을 경외하는 마음'을 통해 자신을 객관화시킬 수 있었던 것이다. 제정신이 아닌 사울 왕 앞에서도 지혜롭게 대응할 수 있었던 이유이기도 하다.

마찬가지로, 공길에게도 자신을 객관화할 수 있는 은사가 있었다.

자신의 위치를 정확히 알고, 왕 앞에서 매사에 겸손하게 엎드렸다. 이 모습은 연산의 왕후, '녹수'와는 확연히 다른 모습이다. 왕의 사랑을 독차지하지 못하면 자신의 감정을 드러내 버리고, 시시콜콜 시기하고 질투하는 모습은 왕에게도 매력적이지 못했다.

그렇게 연산은 공길의 매력에 빠져버렸다.

연산에게 임했던 악령은 정신분열적인 이중인격의 폭력성과 함께 '동성애의 영'도 임했다. 동성애의 영은 성경에서 정의하는 개념은 아니지만, 하나님이 금지하는 죄악의 행위로 몰아가는 악령이다.

  기원전부터 지금까지 "소돔"(고고학적 연구에 따르면, 현재의 요르단 "탈 엘 하맘"이라는 실존하는 땅이다)이라는 지역으로부터 끊임없이 행해져 오고 있는 행위라는 점에서 절제할 수 없는 중독성 있는 행동이라는 것을 유추할 수 있다.

  그래서 악령 대신 "동성애의 영"이라는 표현을 사용했다. 연산은 여호와께서 부리시는 악령이 들어간 후에, 그 악령이 연산을 지배하기 시작했다. 사탄은 하나님이 금지하는 근친상간, 동성 간의 성교, 수간과 같은 성적 타락(Sex)을 연산에게 하게 함으로서 하나님의 진노를 사게 했고, 이런 행위를 통해 멸망케 하려는 전략을 사용하고 있다.

  연산은 수많은 후궁과 여종과의 성관계로도 만족하지 못하고, 남자인 공길에게 눈길이 가기 시작한다. 한 번 두 번 불러 교제하면서 연산은 어디에서도 채우지 못한 공허함과 어릴 적 받은 상처로 남아있는 쓴 뿌리와 결핍을 공길로부터 채우기 시작한다.

  연산은 이미 공길에게 마음을 빼앗겨 버렸기 때문에 후궁인 녹수로는 만족이 안 된다. 공길의 매력을 극도로 느끼는 순간 '동성애의 영'이 연산에게 들어온다.

  연산은 동성애의 영이 자신에게 들어온 줄도 모르고 짜릿한 순간을 즐긴다. 그러나 이미 사탄에게 지배당하고 있는 연산은 사리 분별을 하지 못했고, '조선의 왕'이라는 직분과 직책에 걸맞은 역할도 하지 못한다.

'시기와 질투의 영'에 지배당한 녹수는 공길을 없애려고 한다. 연산은 공길이 자신을 배신했다는 음모에 충격이 컸을 것이다. 사탄에게 지배당한 연산은 이성적으로 생각할 만한 능력이 없으니, 허술한 음모에도 금방 속는다.

연산의 정신 분열 증세는 더욱 심해지고, 사탄은 자신의 목표를 이루어 가고 있다. 즉, 이렇게 연산을 멸망의 길로 끌어가는 것이다. 연산에게 임했던 것처럼 자신도 모르게 동성애의 영이 들어올 수 있다.

동성애로 망한 '소돔'이라는 도시를 주목해 보자.

분명, '성적인 타락으로 인해 멸망했다'라는 것을 잊지 말아야 한다. 오늘날 전 세계에서 동성혼을 합법화하고, 이러한 흐름이 주류가 되고 있다. 문화를 선도하는 미국에서도 "이제는 더 이상 약자를 차별하면 안 된다"라는 취지로 차별금지법이 발의되었고, 최근에는 연방 정부 차원에서 동성혼의 법적 효력을 부정하는 것에 대해 법으로 금지했다는 소식이 들려오고 있다.

이렇게 전 세계는 약자를 대변하며, 이웃 사랑을 동성애자에 대한 존중으로 표현하고 있다. 그러나 이러한 태도는 '하나님의 말씀에 반대되는 반성경적 이념'이라는 사실이다. "교회는 이웃 사랑을 실천해야 하는 공동체가 아니냐"라며, 오히려 교회를 가르치려 든다.

소돔이 멸망될 때, 하나님은 "의인 열 명으로 말미암아 멸망치 않으시겠다"라고 약속하셨지만, 오십만 명이 사는 도시에 의인 열 명이 없었다. 사회가 조금씩 동성애를 허용하고 법제화를 통해 동성혼을 합법화하고 있는 이 시대를 보면 소돔과 다를 바가 없어 보인다.

아무리 그럴듯하고 지식인이 논리가 있는 것 같더라도 성경과 다른 것은 진리가 아니다. 진정한 사랑은 성경이 말하는 사랑이다. 성경이 말하는 결혼, 성경이 말하는 가치만을 진리라고 받아들여져만 성경적 관점으로 세상이 보인다.

사회는 동성애를 허용하는 것이 '이웃 사랑'이라고 말한다. 그러나 성경은 이웃 사랑 이전에 '하나님 사랑'을 우선적으로 요구한다. 즉, '하나님을 먼저 사랑하고 이웃을 사랑하라'는 것이다.

하나님의 말씀에 동성애는 죄이므로 먼저 죄로 인정하고, 동성애라는 죄를 미워하는 것이 하나님 사랑이다. 그다음이 이웃 사랑이다. 동성애자를 사랑하고 품어야 한다. 죄에서 돌이켜 하나님께로 돌아오도록 권면하고, 도와주는 것이 진정한 이웃 사랑이다.

다시 말해, 죄를 지은 사람을 지지하고 격려하는 것은 이웃 사랑이 아니라는 것이다. 성경에서 말하는 사랑의 정의는 고린도전서 13장에 분명히 나와 있다.

> 사랑은 오래 참고 사랑은 온유하며 시기하지 아니하며 사랑은 자랑하지 아니하며 교만하지 아니하며 (고전 13:4).

제 2 장
미국을 괴물로 만들어 버린 〈괴물〉

〈괴물〉은 개봉한 지 벌써 수십 년이 지났지만, 다시 봐도 기술적으로든, 연출적으로든, 장르적으로든 봉준호 월드의 작품으로서 독보적인 영화이다. 〈괴물〉이 개봉한 이후로 한국에 괴물이 등장하는 영화가 몇몇 나왔지만, 〈괴물〉만큼의 기술력을 뛰어넘지는 못하는 실정이다.

무엇보다도 한국의 어떤 감독도 따라올 수 없는 봉준호 감독은 자신만의 장르적 특징이 두드러진다. 우리는 보통 '장르'라는 용어를 공포, 미스터리, 판타지, 액션, 드라마, 로맨스, SF와 연결 짓는다. 더 나아가, 이러한 일반적인 장르 외에 어떤 특정 감독이 자기만의 가지고 있는 유니버스를 창조해 내어 하나의 장르를 탄생시키면 'OOO의 장르 영화'라고 말하기도 한다.

좀 더 쉽게 말하면, 연출, 연기, 촬영, 조명, 소품, 의상, 음악, 편집 등 영화 각 영역에 감독의 창조력을 반영해 낸 작품을 일반적으로 "장르성이 두드러진다"라고 표현하는 것이다.

봉준호 감독의 〈설국열차〉, 〈옥자〉, 〈기생충〉 등의 영화를 보면, 다른 영화들과는 다른 뭔가 독특하다고 느껴질 것이다. 봉준호 감독의 세 번째 작품이었던 〈괴물〉에서도 장르성이 충실히 반영되어 있다. 그만큼 봉준호 감독은 '자기 세계관의 네트워크가 촘촘히 갖추어져 있다'라는 반증일 것이다. 그래서 많은 다음세대 감독 지망생이 봉준호 감독에 환호하고, 롤 모델로 삼고 있는 현상은 지금도 이어지고 있는 것이다.

봉준호 감독은 자신의 세계를 장르 속에 반영하는 것도 잘하지만 자기 메시지를 상징과 은유로 표현해 내는 능력도 아주 탁월하다. 상징과 은유로 잘 표현하기 때문에 자신의 메시지에 정면으로 충돌할 수 없도록 관객의 상상력을 허용한다.

방법론적으로 보면, 안토니오 그람시(Antonio Gramsci, 1891-1937)가 계급 혁명을 '단결 투쟁'이라는 방법으로 정면충돌하지 않고, 문화적, 도덕적, 이데올로기적으로 접근하여 헤게모니(hegemony)를 장악하려고 한 것과 같다.

봉준호 감독은 "자본주의는 불공평한 체제이며, 미 제국주의는 불합리하다"라는 메시지를 영화 속에서 직접적으로 표출하지 않았다. 그러나 '미군이 의도적으로 독극물을 살포했다"라는 영화적 설정을 통하여 한국 사회가 아수라장이 되고, 피해자 가족이 얼마나 큰 고통을 겪게 되었는지를 시각적으로 그려낸다. 이를 통해 관객의 미국에 대한 악감정을 내면 깊은 곳으로부터 피어오르게 만들었다.

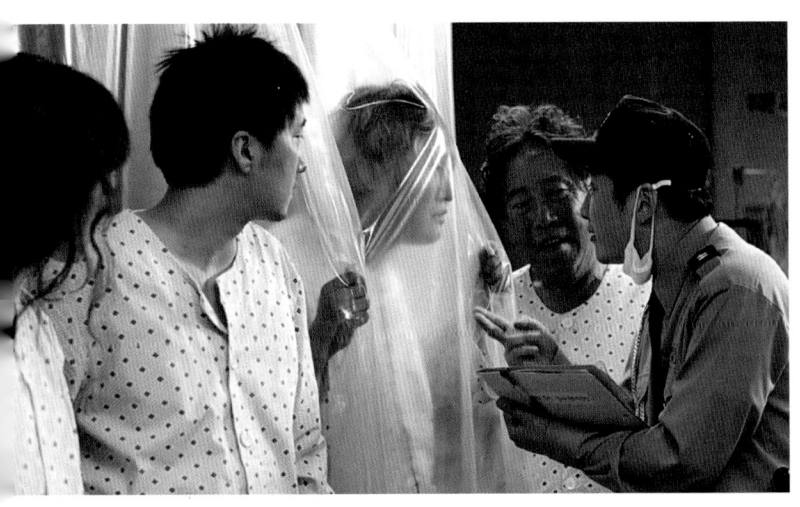

그렇다!

〈괴물〉에서 다루는 지배적 구조는 바로 '반미주의에 대한 메시지'이다. 이런 내용을 담고 있는 〈괴물〉은 세간의 화제가 되었던 작품답게 많은 평론가의 칼럼도 세상에 쏟아냈다. 대부분의 평론가는 봉준호 감독의 작품성에 대해서 칭찬하는 동시에 감독의 메시지에 대해서도 굉장히 호의적이고 동조하는 태도를 취했다.

그러나 봉준호 감독은 한 인터뷰에서 〈괴물〉이 일으킨 담론에 대해 크게 언급하지 않았으며, 정치적 입장에 대한 답변도 자연스럽게 피했다. 하지만 그의 말 한마디 한마디 속에서 반미주의와 탈식민주의를 내포하고 있음을 알 수 있었다.

사실 이 모든 일은 대한민국의 건국 과정에서 한국과 미국은 단순히 동맹관계를 넘어 영적인 관계라는 것을 철저히 간과함으로써 생긴 열매이다. 이제부터 반미주의가 반기독교적 세계관에 기반한다는 것과 초대 대통령인 이승만 대통령이 어떻게 대한민국을 건국했으며, 자유민주주의 대한민국의 부르심과 사명에 관한 이야기를 하고자 한다.

흥미롭지 않은가?

1. 실제 사건을 바탕으로 〈괴물〉을 기획했다?

봉준호 감독은 "2000년 2월 9일 주한미군 제8군 기지가 독성을 가진 발암물질인 '포름알데히드'(Formaldehyde)를 무단으로 한강에 방출한 사건이 있었는데, 이를 모티브로 영화를 기획했다"라고 밝혔다. 이 실제 사건에 대해 반감을 품은 봉준호 감독이 그냥 지켜보고만 있을 수 없었는지, 불씨를 산불로 만들어 버린 것이다.

이 일은 실제 '용산 미군 기지'에서 일어났다. 시체의 부패 방부제로 사용되는 포름알데히드와 메탄올 혼합액 한 드럼통이 넘는 분량을 재고 처리하는 방법을 두고 고심하다가, 결국 "포름알데히드가 물에 희석하면 아무런 문제가 없다"라는 판단과 결정 하에 미군 측은 무단 방류했다.

그러나 이것이 세간에 논란이 될 수밖에 없던 이유는 병에 "하수구로 흘려보내지 말라"라는 경고문이 쓰여 있었고, 미군이 그 유해성을 숨기려 했다는 점 때문에 사건이 더욱 커지게 되었다는 점이다.

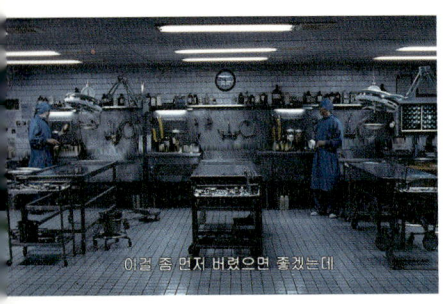

영화는 실제 사건과 동일하게 묘사되었는데, 영화의 첫 장면은 2009년 2월 9일 주한미군 제8군 용산기지 내 영안실에서부터 시작된다. 미군 의사로 보이는 "더글러스"(스콧 윌슨)는 독극물을 버리는 것에 반발을 제기하는 카투사 병사를 구박하면서, "하수구에 그냥 버리라"라고 상명하복식의 요구를 한다.

그러면서 이같은 의미심장한 말을 남긴다.

> 마음을 넓고 크게 가집시다!

이것이 바로 미국이 한국을 바라보는 관점이다. 좁은 땅 덩어리에서, 조선 시대에는 청나라의 내정 간섭에 시달렸고, 일제 침략 때는 많은 것을 빼앗긴 경험이 있으며, 오랜 전쟁과 한민족의 분단으로 아픈 역사를 가진 한국 사람은 마음이 넓고 클 수가 없다.

또한, 한국인의 뼈아픈 역사를 보면, 미국 제국주의에 대한 경계심을 가질 수밖에 없는 민족이기도 하다. 봉준호 감독은 이러한 민족의 상처를 가진 한국인들의 속성을 잘 이용했다. 그래서 한 인터뷰에서 이런 말을 했다.

> 미국에 대한 풍자가 있는 것은 사실이다. 그런데 이 정도의 상식적인 풍자를 '반미'라고 한다면, 안톤 오노 사건 때 분노했던 한국인들을 반미주의자로 몰아붙이는 것과 다를 바 없다.

> 할리우드 영화에서는 늘 타국인을 악당으로 만드는데, 왜 미국은 다른 나라 영화에서 풍자의 대상이 될 수 없나?
> '반미 영화'라고 해서 단순화 시키기에는 무리가 있다.

역시 봉준호 감독은 〈괴물〉은 반미 영화는 아니라고 주장했다.

미군이 독극물을 한강으로 방류하여 발생한 피해가 배출 지점 일대 물고기들이 폐사하는 데 그쳤다면, 2002년 11월에 중국 광동성에서 처음 발생한 사스 바이러스는 사람에게 치명적인 질병을 유발하며 심지어는 사망으로 가게 만드는 위협적인 바이러스였다.

2019년, 전 세계를 마비시킨 코로나 바이러스가 중국 우한으로부터 온 피해는 더 말할 필요도 없이 잘 알 것이다.

최근 몇 년간 중국으로부터 온 미세먼지로 인해 푸른 하늘을 볼 수 없었던 지난 몇 년을 기억하는가?

진짜 괴물을 만든 존재가 누구인가?

〈괴물〉이 반미 영화로 볼 수 있는 대목을 언급하려고 한다.

바로 "에이전트 옐로우"이다. 에이전트 옐로우는 한강 둔치에서 시위를 하는 단체를 대상으로 미군이 살포하는 노란색 화학 가루를 얘기한다. 이것은 영화에서 창조된 화학 물질이긴 하지만 이 화학 물질이 사람의 몸에 접촉되면, 각 구멍에서 피가 날 정도로 굉장히 유독한 물질임을 알 수 있다.

이 '에이전트 옐로우'가 살포하는 화학 물질은 미국이 베트남 전쟁에서 사용했던 고엽제를 패러디한 것인데, 이 고엽제 이름이 '에이전트 오렌지'다.

고엽제를 저장하고 있는 드럼통에 두른 띠의 색깔에 따라 에이전트 오렌지, 에이전트 화이트, 에이전트 블루 등으로 명명하는데 가장 피해가 컸던 것이 에이전트 오렌지였기 때문에 에이전트 오렌지가 고엽제의 대표 명칭으로 자리 잡게 된다.

문제는 〈괴물〉에서 미군이 고엽제를 부적절하게 사용하도록 하여 반미 감정을 고조시킨다는 점이다. 괴물 숙주 바이러스로 인해 사망한 줄 알았던 도널드 하사(데이비드 안셀모)는 수술로 인한 단순 쇼크사였음을 부검을 통해 알게 되었고, 괴물로부터 온 바이러스는 없다는 것이 밝혀졌다. 미국 의사는 극비 사건이라며 아무에게도 알리지 않는다. 박

강두(송강호)는 사실상 바이러스와는 아무 상관이 없다.

결국, 생사람 잡은 미군을 무지함과 무자비한 이미지를 전달한 것이다. 미군은 제초제로 사용되는 에이전트 옐로우를 반대 시위를 하는 사람들에게 살포함으로써 잔인한 면모를 보여주는 데 힘을 싣는다.

"어떻게 사람에게 이런 짓을 할 수 있느냐"는 생각이 들도록 관객들에게 호소한다. 영화의 마지막까지 미군이 저지른 행태에 대해 관객들이 인지할 수 있도록 TV의 뉴스 보도를 활용하여 감독의 주제의식을 강화시킨다.

뒤늦게 미국 상원조사위원회에서 발표한 내용은 애초부터 바이러스는 없었고 잘못된 정보에 의한 것이었다며, 무책임하게 사건을 덮어버리는 미국에 대한 비판적 의식을 자극한다.

'괴물 같은 인간들과는 더 이상 소통하지 않겠다'라는 뜻으로 TV를 꺼버리는 상징적 행위까지 성실하게 보여준다. 〈괴물〉은 이렇게 치밀하고 당당했다.

영화 속에 숨겨놓은 상징적 요소 중에 가장 흥미로웠던 것은 바로 〈괴물〉의 영어 제목이 〈The Host〉라는 것이다. 제목을 'Monster', 또는 'Creature'로 할 수도 있고, 'Han-river'로 할 수도 있다. 그런데 〈The Host〉이다. 이제 이것이 뭔가 내용과는 어울리지 않아 보이는데, 사실 가장 적절한 제목인 이유에 대해 설명하고자 한다.

시사 주간지 「주간동아」 제548호에 실린 것을 일부 발췌한다.

호스트(host)는 '숙주'란 뜻이다. 영화의 클라이맥스에 잠깐 등장하는 대형 붕어를 놓치지 마시라. 대부분의 관객은 이 붕어가 괴물의 입에서 나온 것으로 이해한다.

그러나 일단의 누리꾼(네티즌)들이 의문을 갖고 정체를 파헤친 결과, 오퍼니지사에서 괴물의 옆구리에 이 붕어가 머리를 박고 기생하는 사진을 입수했다. 즉, 괴물은 숙주이고, 붕어는 괴물에 기생하는 기생충(Parasite)인 것이다. 영화사 측도 이를 확인했다.

감독은 "〈호스트〉라는 단어가 사회, 정치적 함의를 갖는다"라고 강조한다. 이 때문에 누리꾼들은 이 대형 물고기가 토종을 몰살시킨 미국산 베스라고 주장한다. 괴물은, 결국 파라자이트- 미국, 무능력한 정부, 기성세대, 비합리적 사회 등에 농락당하는 우리의 모습일 수 있다.

이는 '생태계 교란종'으로 알려져 있는 미국 물고기 '베스'가 괴물의 몸에서 떨어져 나왔다는 것이다. 봉준호 감독은 '미국 물고기 "베스"가 괴물의 몸에 기생하면서 괴물을 조종시키고 있다'라는 것을 말하고 싶었던 것이다.

다시 말해, 강두의 가정을 파멸로 몰아가고 죽음을 맞이하게 한 것은 이 괴물이 아니라, 괴물 안에서 그 괴물을 조종하는 '베스'였던 것이다. 즉, 한국은 미국이 조종하는대로 결정하고 움직이는 마치 '정신적 식민지와 다름없음'을 이렇게 표현한 것이다.

서인숙 평론가는 『한국 영화 속 탈식민주의 - 한(恨)과 신파를 말하다』라는 책에서 비평글을 통해 영화 속에 드러난 미국의 한국 길들이기는 물리적 식민지를 넘어선 정신적 식민지로서 이데올로기로부터 자유롭지 못한 현실의 상황을 비판했다.

> 〈괴물〉은 식민화된 서울의 기형적 현상을 곳곳에 병치하는데 영화에 등장한 서울은 한국 정부가 통치하는 메트로폴리스가 아니라 미국이 지배하는 공간이다.
> 영화에서 괴물의 출몰 후, 괴물의 바이러스에 대한 경고 및 바이러스를 죽이는 에이전트 엘로우 개발과 살포에 이르기까지 모든 결정은 미국에 의해 내려지고 한국의 군대와 경찰은 이를 실행하는 하수인에 불과하다. 의학과 과학의 지식을 앞세운 미국의 권력은 방송미디어, 병원, 군대를 통해서 행해진다. 방송을 통해서 전파되는 미국의 발표 내용만이 한국

인이 괴물에 대해 알 수 있는 유일한 정보이다.

식민권력의 시녀 노릇을 하는 방송과 병원과 군대는 주인공 가족을 통해 보이듯, 괴물을 잡기보다는 힘없는 개인을 탄압하는 데 더 혈안이 되어 있는 모습을 보여준다. 미셸 푸코가 지적한 대로 개인 주체에게 근대적 규율을 내면화하는 방법은 학교, 병원, 감옥, 군대라는 공권력을 통해서이며, 개인을 억압하는 규율과 공권력의 횡포는 〈괴물〉을 관통하며 지속해서 등장한다.

　서인숙 평론가의 평론대로 〈괴물〉이 보여주고 있는 미국의 모습에 많은 관객이 공감하고 있을지도 모른다. 실제 한국인들의 내면에 또는 잠재의식 속에 미국의 제국주의적 태도에 반감이 없지 않다.

　그러나 우리의 감정과 상관없이 가난한 민족, 무지한 백성들에게 복음을 전하기 위해 이 땅에서 순교한 미국의 호러스 알렌(Horace Newton Allen 1858-1932), 호러스 그랜트 언더우드(Horace Grant Underwood, 1859-1916), 존 헤론(John W. Heron, 1856-1890), 윌리엄 스크랜턴(William Benton Scranton, 1856-1922), 사무엘 마펫(Samuel Austin Moffett, 1864-1939), 제임스 게일(James Gale, 1863-1937), 프랭클린 올링거(Franklin Ohlinger 1845-1919), 헨리 아펜젤러(Henry G. Appenzeller, 1858-1902) 선교사와 미국 정부의 자유 민주주의 수호를 위한 군사 지원과 재정적 지원을 통해 지금의 대한민국이 있게 한 것도 역사적 사실이다.

　한미관계에 대해 어떻게 바라볼 것인가에 대해서는 뒤에서 다시 살펴보겠다.

2. 〈괴물〉보다 더 무서운 세상, 대한민국

봉준호 감독의 세계관이 확실히 드러난 인터뷰가 있다. 우리는 "〈'괴물'의 괴력 집중분석〉 ② 봉준호 감독 인터뷰"(한국경제문화신문 2006년 8월 10일 자)라는 기사를 주목할 필요가 있다.

> **질문:** 가족영화다, 반미 영화다, 실패한 운동권 영화다 등등. 그 모든 평을 차치하고 이 영화를 만든 감독으로서 도대체 하고 싶은 말은 무엇이었나?
>
> **답변:** 인물 중심으로 생각하면 쉽다. 괴물과 힘겨운 싸움을 하는 가족이 있다. 그런데 괴물보다도 더 무서운 세상이어서 외롭고 서글픈 것이다. 솔직히 이 말을 하고 싶었다.
>
> "여러분들은 국가나 사회에 도움을 받아본 적 있었나요?"
>
> 며칠 전 이런 사건이 보도됐다.
>
> 젊은 엄마와 어린 딸이 은행 무인점포에 갇혔다. 땡볕 더위인 낮 시간이어서 그곳에 갇힌 모녀는 탈진하기에 이르렀다. 경찰과 119에 전화했지만, '은행 경비보안업체가 담당해야 할 일'이라고 서로 미루는 데다 보안업체마저 늦게 도착했다. 결국, 두 사람을 구한 건 30분 후 소식을 듣고 달려온 가족이었다. 무인점포 문을 부수고 가족을 구한 것이다.
>
> 이 사건을 보면서 〈괴물〉과 똑같은 일이 아직도, 여전히, 버젓이 벌어지고 있다는 생각에 씁쓸했다. 이 영화의 시추에이션과 똑같다는 게 참으

로 웃기고 서글펐다.

질문: 학교 다닐 때 운동권이었나.

답변: 운동하는 친구와 선배를 좋아했을 뿐이다. 학회지에 만화를 그리거나, 다른 방식으로 좀 도와줬을 뿐 난 개인적인 성향이라 조직생활에 익숙하지 않아 운동권 학생이지는 않았다.

1980년대 후반 대학을 다녀 시위하는 모습을 많이 봤기 때문에 박해일 씨에게 화염병 던지는 법도 가르쳐 줄 수 있었다. 배우는 배우더라. 한 번도 던져본 적이 없는 화염병을 그렇게 잘 던지다니.

인터뷰를 통해 봉준호 감독의 가진 이념과 사상을 엿볼 수 있다. 특별히, '국가관'이 적나라하게 드러나는데, 특히 세 가지를 주목할 필요가 있다.

첫째, "인물 중심으로 생각한다"라는 말은 '인권 보호를 강조하는 것'이다.

이는 "사람이 먼저다"라고 하는 문재인 전 대통령의 캐치프레이즈(Catchphrase)와 마찬가지로 '언제나 먼저 사람이 가장 중요하다'라는 것을 의미하는 것이다.

영화의 마지막에 버려진 아이를 데려다 키우는 것도 같은 맥락으로서 그의 사상을 읽을 수 있다. 소외층, 빈민층과 같은 사람을 보호하는 데 목숨을 거는데, '사회적 약자'는 항상 외롭고 비참하고 서글픈 존재로 그린다. 그래서 '공정'이라는 키워드를 위해 목숨을 거는 것이다.

뒤에서 나오는 〈변호인〉이라는 영화에서도 다루겠지만, 본질적으로 죄된 습성을 가지고 태어난 인간에게는 선한 것이 나올 수 없다. 약자를 보호한다는 명목 아래, 결국 자신의 의, 자신의 올바름을 증명하기 위한 표면적인 행위에 불과한 것이다. 내면은 돌아보지 않은 채 말이다.

둘째, "여러분들은 국가나 사회에 도움을 받아본 적 있었나요"라는 반문을 주목할 만하다.

국가나 사회는 국민들을 위해 도움을 주지 않는 존재로 해석한다. 그러면서 실제 사건을 예로 들어 설명한다. 경찰과 119가 제 역할을 감당하지 않고, 서로 미루는 무책임하고 잔인한 기관으로 설명되는데, 이로 인해 결국 국민이 피해자라고 주장한다. 문제를 직면하면 항상 탓하는 존재들이 있다.

또한, 국가는 국민을 위해 모든 필요를 채워 줘야 한다는 신념을 가지고 있다. 그래서 무상 복지를 요구한다. 일례로 2014년에 있었던 세월호 사건과 2022년에 발생한 이태원 사건을 대하는 태도를 보면 알 수 있다. 많은 인명 피해가 발생한 대형 사고는 참 안타깝다. 사람이라면 마땅히 유가족을 위로하고 함께 아파할 수 있어야 한다.

그러나 이것을 정치적으로 활용하는 정치인들이 있다. 인명 사고가 난 것이 마치 정부 때문인 양 진영 논리로 공세를 강화한다. "정부가 잘못 대처해서 이 일이 발생한 것이다"라면서 몰아간다. 국가나 정부가 모든 문제를 해결해야 하고 모든 것을 책임져야 한다.

반대로, 국가가 국민에게 요구하는 것에 대해서는 강한 불만을 표한다. 한 술 더 떠서 엄청난 '개인의 희생'이라고 부풀린다. 다시 말해, 복지 혜택은 받고 싶은데, 세금은 내기 싫은 것이다. 한마디로, '내로남불'이다.

셋째, "학교 다닐 때 운동권이었냐"라는 질문에 대한 답변에 주목할 필요가 있다.

개인적인 성향이라 조직 생활에 익숙하지 않아 운동권에서 직접적으로 활동하지는 않았지만, 1980년대 후반에 학교를 다녔기 때문에 시위하는 모습을 많이 봤다고 대답했다. 그뿐만 아니라, "그 덕분에 배우 박해일 씨에게 화염병 던지는 법도 가르쳐줬다"라고 하지 않는가.

그렇다면, 성격상 표출되지 못했던 사회를 향한 내면의 분노가 영화를 통해 표출되는 건 아닐까?

그러면서, 화염병을 한 번도 던져본 적이 없는 박해일 씨가 잘 던진다며 너스레까지 떠는 걸 보면, 감독의 이념과 사상을 쉽게 유추할 수 있다.

봉준호 감독의 국가관이 이해되셨기를 바란다.

〈괴물〉이 가족 영화인지, 반미주의 영화인지, 실패한 운동권의 영화인지, 그 무엇인지는 보는 관객이 판단할 문제이지만, 이 영화를 어떻게 보든지 간에 명확하게 말할 수 있는 바는 반기독교적 세계관이 영화를 통해 전달되고 있다는 것이다.

3. 한국과 미국은 혈맹을 넘어 복음동맹관계

 현명한 정치 외교를 하기 위해서는 역사를 바로 알아야 한다. 한국과 미국의 관계에 대해 말하기 위해서는 대한민국 건국 과정의 역사를 되짚어 볼 필요가 있다.

 〈괴물〉에 등장하는 미군에 대한 악한 감정을 받아들이기 전에 대한민국의 건국 대통령, 이승만 대통령과 6.25전쟁의 정전 협정 무렵에 체결된 '한미상호방위조약'에 대해 설명하고자 한다.

 이승만 대통령은 대한민국임시정부의 모든 지도자와 비교할 때 한국의 바라보는 관점이 남달랐던 것 같다. 민족의 지도자로 불리었던 김구, 김규식, 여운형 등 민주주의 진영을 추구하는 이러한 분들도, 결국 자주독립과 북한과의 연합을 주장했다.

 그러나 이승만 대통령만 유일하게 미국을 한국의 정치 안정화에 필수 불가결한 동맹국이라는 것을 알았다. 이승만 대통령은 미국의 한국인 최초 박사로서 미국 유학 과정 가운데 대한민국이 걸어가야 할 길을 설계했다. 대한민국은 서구 기독교 문명을 바탕으로 세워진 자유민주주의 국가만이 옳은 길이라고 확신했다. 공산주의의 침략 속에서도 타협은 결코 있어서는 안 된다고 강하게 주장했다.

 6.25전쟁이 길어지면서 미국과 소련, 중국의 많은 인명 피해가 속출했다. 당시 미국의 트루먼 대통령은 맥아더 장군에게 전쟁 중단과 정전 협정을 명령했음에도 이승만 대통령은 북한의 공산화를 허용하는 것이

죽기보다 어려워 정전을 반대했다고 한다.

　정전되더라도 북한은 남한을 공산화하기 위해 끝없이 남침하리라는 것을 알았을 뿐만 아니라, 한 번 분단되면 통일되는 것 역시 불가능하다고 판단했다. 이런 이승만 대통령의 예지력은 당시에는 주목받지 못했지만, 시간이 흘러 이제야 인정을 받고 있다.

　이승만 대통령이 없었더라면, 많은 환경과 상황에 현실을 타협했더라면, 아마도 〈괴물〉에서 바라보는 제국주의 미국이 한국을 통치하고 있었을지도 모른다.

　이승만 대통령은 공산주의를 이 땅에서 몰아내기 위해서는 북한과 자유민주주의로 흡수통일하는 것을 양보할 수 없다는 입장을 고수했다. 그 누구도 말리지 못했던 이승만 대통령의 반공정신 때문에, 결국 미국과 소련의 신탁통치를 막을 수 있었다.

　영화 〈암살〉에서도 다루겠지만, 민족의 지도자라고 불리는 김구를 포함한 김규식, 여운형 등의 리더들은 미국과 소련의 신탁통치는 반대했을지 몰라도 북한과의 연합과 합의를 통한 평화통일은 염원하고 있었다. 그러나 자유민주주의와 공산주의의 평화적인 통일은 절대 있을 수 없는 일이다.

　이 사실을 이미 예지하고 있었던 이승만 대통령은 모두의 반대에도 불구하고 자신의 신념과 믿음대로 밀어붙였던 것이다. 심지어는 미국의 트루먼 대통령이 "더 이상 전쟁은 허락하지 않는다"라고 명령을 내렸음에도 불구하고 이승만 대통령은 국군만을 통솔하여 전쟁을 치르고자 했다.

당시 이승만 대통령은 미래에 대한 확신과 멸공, 반공을 향한 열정이 가득 차 있었음을 알 수 있다. 외부적으로 북한을 점령하고 공산주의를 몰아내는 일에 반대하는 미국과 내부적으로 임시정부의 권한으로 북한과의 평화통일을 통한 국민정부수립을 단독으로 추진하고자 했던 김구와 같은 민족의 지도자들 사이에서 이승만 대통령은 대한민국의 미래를 놓고 고민한다.

한 사람이 이 모든 일을 감당한다는 것을 보면, 이승만 대통령은 참으로 위대한 대통령이었음을 반증할 수 있다. 외로운 싸움 끝에 이승만 대통령은 지혜로운 선택을 하게 된다. 바로 유엔(UN)을 활용하여 유엔의 감시 하에 선거를 치르고 한국 사회를 국제 사회의 합법적인 국가로 승급시키고자 전략을 짠 것이다.

1952년 7월에 임기가 끝나는 이승만 대통령은 미국과의 지속적인 마찰(이승만 대통령은 북진 통일과 한반도에서 공산주의를 멸살하기 위해서는 끝까지 전쟁해야 한다고 주장하는 반면에, 미국의 트루먼 대통령은 미국 자국의 피해가 너무나 크기 때문에 더 이상 전쟁은 할 수 없으므로 휴전 협정을 진행하라는 주장이 부딪혔다)로 인해 미국은 한국의 차기 대통령을 유화적인 인물로 교체하기 위한 물밑 작업을 하고 있었다.

이를 눈치챈 이승만 대통령은 국민 직선제 개헌을 피할 수 없다고 봤고, 결국 차기 대통령이 된다. 그렇게 최선의 노력을 다했지만, 끝내 이승만 대통령은 더 이상 전쟁을 이어가기 힘들다고 판단한다.

그러면서 미국에 한 가지 제안하는데, 이것이 바로 '한미상호방위조약'이다. '한미상호방위조약'은 대한민국의 신의 한 수였다.

봉준호 감독이 〈괴물〉에서 말하는 미국에 대한 인식은 안타깝게도 역사 왜곡으로부터 나온 열매이다. '한미상호방위조약'으로 인해 대한민국은 주변 열강들의 침략에서 안전했고, 북한의 공격에도 우리가 아랑곳하지 않을 수 있게 된 이유라는 것을 알아야 할 것이다.

앞으로 미국과 중국의 갈등이 심해지고, 대만 앞바다를 놓고 두 패권 국가를 중심으로 전쟁이 난다고 가정해 보자.

한국에 주둔하고 있는 미군이 미국과 중국의 전쟁에 참전한다는 명목으로 철수하게 된다면, 북한의 김정은 정권은 어떤 결정을 내릴까?

'지금이 한국을 먹을 좋은 기회'라고 여겨, 한국 전쟁이 다시 한번 발발하게 될 가능성이 농후하다.

다시 돌아와서, '한미상호방위조약'은 지금 생각해도 '어떻게 이렇게 한국에 유리한 조건으로 협약을 맺을 수 있었는지'가 의아하지만, 이승만 대통령의 통찰력과 예지력, 그리고 벼랑 끝 외교 실력이 있었기에 가능한 것이었다.

'한미상호방위조약'이 성립됨으로써 우리는 앞으로도 여러 세대에 걸쳐 많은 혜택을 받을 것이다. 이 조약이 있기 때문에 우리는 지금까지 튼튼한 안보와 경제성장과 번영을 누릴 수 있었다.

『건국 대통령 이승만의 생애』에는 1953년 이승만 대통령은 '한미상호방위조약'의 체결을 앞두고, 국민들에게 한 말이 기록으로 남아 있다. 당시 2주간의 협상을 통해 휴전을 조건으로 이승만 대통령이 미국에 얻어 낸 방위조약의 이점을 유영익 역사학자는 다음과 같이 말한다.

> 한반도 및 그 주변의 장기적 평화가 유지되었다. 한미 동맹에 따른 미국의 확고한 대한 방위 보장에 힘입어 한국은 1970년대 전반기까지 국민 총생산(GNP)의 4퍼센트라는 비교적 적은 국방비만 쓰면서 경제 개발 우선 정책으로써 경이적인 경제 성장을 이룩할 수 있었다.
> 한미 동맹은 국군의 비약적인 팽창을 이루었다. 대한제국이 일본에 병합되었을 때 보유 병력이 8,000명 정도였던 데 비해 한미 동맹 조약에 따라 한국은 20개 사단을 현대화했고, 70만 대군을 갖게 되었다.
> 한미 동맹은 한국의 민주화를 도왔다. 미국은 남한의 정치적 안정이 동북아권 안정에 필수적이라고 인식했기 때문에 남한의 민주화에 관심을 가질 수밖에 없었으며, 실제로 장기적으로는 정치적 민주화를 후원했다.
> 한미 동맹으로 미국의 지원을 받게 된 한국은 외교망을 확대했다.
> 한미 동맹으로 과거 동양에서 가장 폐쇄적이었던 '은둔국, 한국'은 팍스 아메리카나(Pax Americana, American Peace)를 구가하는 미국과 맹방이 됨으로써 서구 문명에 완전히 개방되었다. 원래 대륙 국가였던 한국은 이 과정에서 해양 지향의 태평양 국가로 탈바꿈했다.

이승만 대통령은 어쩌면 뻔뻔하게 자국의 이익만을 우선하여 대한민국을 위기에서 지켜냈다. 약소국인 한국이 강대국인 미국을 이용하여

오늘날의 세계적 선진 국가의 지위까지 올라왔다. 미군이 한국에 주둔함으로써 국방비를 절약할 수 있고, 대신 많은 예산을 경제 성장을 위해 투자할 수 있었다.

과거 청일전쟁, 러일전쟁에서 거대한 국가를 제패할 만큼의 강한 일본과 지금도 주변의 국가를 호시탐탐 노리는 중국은 한반도를 둘러싸고 있는 강대국들이다.

한국이 열강들 속에서 작은 땅덩어리와 적은 인구로도 오늘날의 글로벌 강대국으로 발전할 수 있었던 이유는 미국과의 동맹관계로부터 얻어지는 자국의 이익이 많았기 때문임이 분명하다.

70년이 지난 지금까지도 한국과 미국은 혈맹관계로서 공산주의와 맞서 싸우고 있다. 물론 한국에서 활동하는 주사파나 공산주의자들이 무조건적인 미군 철수를 외치거나 반미주의를 주장하는 것은 참으로 안타까운 일이다.

그러나 역사는 사실을 말해주고 있지 않은가!

대한민국의 건국은 전적으로 기도로 세워진 나라이다. 한국의 근현대사는 기독교의 역사라는 사실을 부정할 수 없을 정도이다. 마치 미국의 건국이 청교도들의 기독교 정신을 바탕으로 세워진 것과 같은 맥락을 가지는 것 같다.

이승만 대통령은 성경적 세계관으로 무장된 하나님의 사람이자, 대한민국의 대통령이었던 것이다.

많은 연설의 내용을 통해 알 수 있듯이, 하나님을 경외할 줄 알고, 하나님의 은혜에 감사할 줄 아는 그리스도인이었다. 초대 국회의원들이 모인 제1회 제헌국회에서 이승만의 대표기도를 들여다보면 그의 세계관을 정확하게 알 수 있다.

> 이 우주와 만물을 창조하시고 인간의 역사를 섭리하시는 하나님이시여, 이 민족을 돌아보시고 이 땅에 축복하셔서 감사에 넘치는 오늘이 있게 하심을 주님께 저희들은 성심으로 감사하나이다.
>
> 오랜 시일 동안 이 민족의 고통과 호소를 들으시사 정의의 칼을 빼서 일제의 폭력을 굽히시사 하나님은 이제 세계만방의 양심을 움직이시고,

또한 우리 민족의 염원을 들으심으로 이 기쁜 역사적 환희의 날을 이 시간에 우리에게 오게 하심을 하나님의 섭리가 세계만방에 정시하신 것으로 저희들은 믿나이다.

하나님이시여, 이로부터 남북이 둘로 갈리어진 이 민족이 어려운 고통과 수치를 신원하여 주시고, 우리 민족, 우리 동포가 손을 같이 잡고 웃으며 노래 부르는 날이 우리 앞에 속히 오기를 기도하나이다.

하나님이시여, 원치 아니한 민생의 도탄은 길면 길수록 이 땅에 악마의 권세가 확대되나 하나님의 거룩하신 영광은 이 땅에 오지 않을 수밖에 없을 줄 저희들은 생각하나이다.

바라건대, 우리 조선 독립과 함께 남북통일을 주시옵고, 또한 우리 민생의 복락과 아울러 세계 평화를 허락하여 주시옵소서.

거룩하신 하나님의 뜻에 의지하여 저희들은 성스럽게 택함을 입어서 글자 그대로 민족의 대표가 되었습니다.

그러하오나 우리들의 책임이 중차대한 것을 저희들은 느끼고, 우리 자신이 진실로 무력한 것을 생각할 때 지와 인과 용과 모든 덕의 근원이 되시는 하나님 앞에 이러한 요소를 저희들이 간구하나이다.

이제 이로부터 국회가 성립되어서 우리 민족이 염원이 되는 모든 세계만방이 주시하고 기다리는 우리의 모든 문제가 원만히 해결되며, 또한 이로부터서 우리의 완전 자주독립이 이 땅에 오며 자손만대에 빛나고 푸르른 역사를 저희들이 정하는 이 사업을 완수하게 하야 주시옵소서.

> 하나님이 이 회의를 사회하시는 의장으로부터 모든 우리 의원 일동에게 건강을 주시옵고, 또한 여기서 양심의 정의와 위신을 가지고 이 업무를 완수하게 도와주시옵기를 기도하나이다.
> 역사의 첫걸음을 걷는 오늘의 우리의 환희와 우리의 감격에 넘치는 이 민족적 기쁨을 다 하나님에게 영광과 감사를 올리나이다.
> 이 모든 말씀을 주 예수 그리스도 이름을 받들어 기도하나이다. 아멘.

대한민국은 기독교를 기반으로 세워진 국가라 해도 무방하다. 하나님이 세우신 대한민국은 하나님이 세우신 미국의 도움을 받도록 허락해주신 것이다.

이제 한국과 미국의 관계를 단순히 군사 동맹관계로만 봐서는 부족하다. 정치적으로는 혈맹관계로 보는데 그칠 수 있지만, 역사를 통해 하나님의 뜻을 아는 한국인이라면 혈맹을 넘어서는 관계, 복음 동맹으로 맺어진 관계라고 인식할 수 있어야 한다.

세계의 그 어떤 국가도 미국과 혈맹을 넘어 복음 동맹을 맺는 나라는 없었다. 한미관계는 전 세계 복음화를 위해서 '한마음, 한뜻'으로 서로를 위해 기도하고 교류함으로써 하나님의 영광을 드러내는 동맹관계인 것이다.

미국을 〈괴물〉로 만들어 버린 봉준호 감독과 한국의 반미주의자는 왜곡된 한국의 근현대사를 배웠던 것은 아닐까!

올바른 역사 인식을 가진 한국인이라면 이승만 대통령이 독재자가 아니라 기독교 건국 이념을 바탕으로 반공주의에 맞서며 자유민주주의와 자유 시장 경제를 도입하기 위해 믿음으로 도전했던 위대한 지도자였음을 깨달아야 할 것이다.

제 3 장
노무현을 대변하는 〈변호인〉

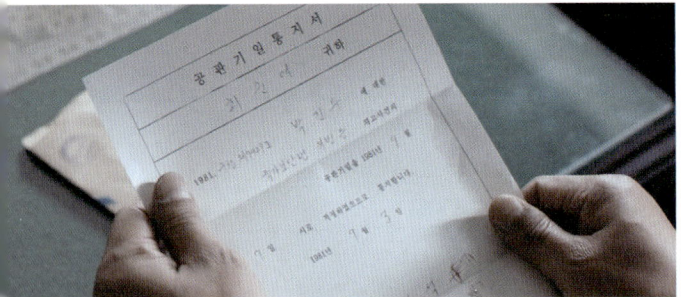

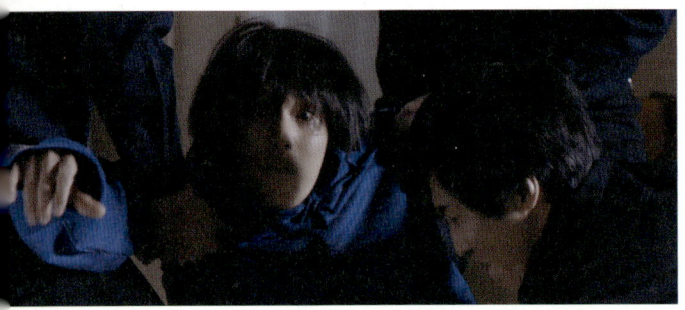

〈변호인〉을 집중해서 보고 있으면 2시간이 20분과 같이 느껴질 정도로 '순식간'이다. 군더더기 없는 촘촘한 플롯 구성에 무엇보다도 송강호라는 배우의 연기에 황홀감을 느낄 정도로 매력적인 영화이다. 이해를 돕기 위해 간단한 스토리를 풀어내면 이렇다.

주인공 '송우석 변호사'(송강호)는 1978년 대전에서 판사로 근무하다가 "부동산 등기 업무를 하면 돈을 많이 벌 수 있다"라는 소문을 듣고 부산에서 세금 전문 법률 사무소를 시작한다. 많은 경쟁자가 우후죽순 생기지만, 입담과 사업 추진력이 좋아 사업은 나날이 성장한다.

그렇게 가족과 함께 안정적인 삶을 꾸려나가는가 싶더니 7년 전 고시생 시절, 이제는 추억이 되어버린 '식당 아주머니'(김영애)를 만나면서 인생은 꼬이기 시작한다.

1981년 민주화 항쟁으로 혼란스러운 시기 '진우'(임시완)가 불온 서적을 봤다는 이유로 계엄법과 국가보안법을 위반해 공안부 검사 '차동영'(곽도원)에게 끌려가게 된다. '진우'의 공판기일통지서를 본 '우석'은 무언가 잘못되고 있음을 감지한다. 결국, 불의한 재판과 가장 힘들었던 시절 자신을 도와준 '식당 아주머니'의 눈물에 마음이 약해져 거대 건설사의 스카우트 제의도 거절하고 자신의 인생을 '진우'의 변호인으로 몸 바치기를 결단한다.

이미 판결이 나 있는 재판이고 국보급 사건인 데다 큰 사건에 경험이 없는 '우석'은 '불의한 세상을 바꿔보겠다'는 생각에 계란으로 바위 치기를 시작한다. '계란은 언젠가 바위를 뛰어넘을 수 있다'라고 믿고 포기하지 않는다. 재판은 계속되고, 결정적으로 재판을 뒤집을 수 있는 증인도 있었지만, 막강한 공권력을 이기지 못한다.

'진우'의 무죄를 증명하려고 최선을 다했지만, 결국 '진우'는 빨갱이로 수감된다. 재판 결과에 수긍하지 못한 '우석'은 1987년 민주주의 쟁취 시위에 앞장선다. '우석' 역시 막강한 공권력을 이기지 못하고 수감된다. '우석'의 재판이 있는 날, 부산지역 변호사 142명 중 99명이 '우석'을 변호하기 위해 변호인으로 참석한다. 판사가 변호인의 명단을 호명하며 영화는 끝이 난다.

영화 〈변호인〉을 보는 사람마다 느끼는 생각과 받은 메시지는 모두 다를 것이다. 당시 한국 사회의 분위기를 모르는 지금의 다음세대들은 대한민국의 법치주의의 훼손과 붕괴, 민주주의를 쟁취하는 과정에서 발생하는 과도기적 희생, 국민에게 총과 최루탄을 사용하여 폭력적인 진압을 하는 모습이 굉장히 불편하게 느껴졌을 것이다.

또한, 약자를 위해 자신의 삶을 바쳐 선한 일을 하는 '송우석 변호사'에게 굉장한 영웅적 면모를 느꼈을 수도 있겠다. 그러나 감독이 말하고자 하는 텍스트 속에 감춰진 감독의 세계관과 주인공인 '우석'의 대사를 통해 영화를 깊이 있게 해석하길 바란다. 표면적인 텍스트만으로는 영화를 해석하기에 한계가 있고, 감독이 말하고자 하는 바를 다 알 수 없다.

비유하자면, 성경을 읽고 해석할 때도 마찬가지일 것이다. 사도 바울이 "사람이 마음으로 믿어 의에 이르고 입으로 시인하여 구원에 이르

느니라"(롬 10:10)라고 쓸 당시의 상황은, 지금 우리와는 전혀 다른 상황임을 전제하고 읽고 해석하지 않는가!

당시 고대 로마 시대는 종교의 자유가 없었다. 지금의 북한처럼 '예수를 믿는다'는 것은 목숨을 거는 일이었다.

예수 믿는 것이 발각되면 처형당하는 상황인데, '예수를 주로 시인한다'라는 것이 얼마나 어려운 일이었겠는가?

다시 말해, 로마서의 텍스트는 내 목에 칼이 들어왔을 때, 예수를 입으로 시인한다면 구원이 주어진다는 것이다.

1. 인권 변호사 노무현에 대한 이야기

〈변호인〉의 양우석 감독은 인터뷰를 통해 노무현 전 대통령의 부림 사건에서 인권 변호사로 활동했던 실제 사건을 모티브로 한 영화라고 밝힌 적이 있다.

그렇다. 이 영화는 전 대통령이자 인권 변호사였던 노무현이라는 사람에 대해 자서전적으로 아름답게 그리고자 의도한 것이다.

그럼, 감독의 내면 속에서 진심으로 말하고자 했던 메시지는 무엇이었을까?

술에 취한 '우석'이 '진우'에게 한 말이 의미심장하다.

> 데모해서 바뀔 세상이면 내가 열두 번도 더 바꿨어.
> 세상이 그리 말랑말랑한지 아나?
> 계란을 아무리 던져봐라.
> 바위가 부서지나?

이에 '진우'도 지지 않고 대답한다.

> 계란으로 바위치기!
> 바위는 죽은 것이지만, 계란은 살아서 바위를 넘는다.

감독은 이 둘의 대립에서 '진우'의 대사를 통해 자신의 메시지를 전하고 있다. 단단한 불의함은 죽은 것이기 때문에 살아있는 정의로 세상을 바꿔야 한다고 믿는 것이다.

2001년 12월 10일 제16대 대통령 민주당 후보 국민 경선 출마 자리에서 고(故) 노무현 전 대통령이 했던 연설을 보자.

> 조선 건국 이래로 600년 동안 우리는 권력에 맞서서 권력을 한 번도 바꾸어 보지 못했다. 비록 그것이 정의라 할지라도, 비록 그것이 진리라 할지라도, 권력이 싫어하는 말을 했던 사람은 또는 진리를 내세워서 권력에 저항했던 사람들은 전부 죽임을 당했다. 그 자손들까지 멸문지화(滅門之禍)를 당했다. 패가망신(敗家亡身)했다.
>
> 600년 동안 한국에서 부귀영화를 누리고자 했던 사람은 모두 권력에 줄을 서서 손바닥을 비비고 머리를 조아려야 했다. 그저 밥이나 먹고 살고 싶으면 세상에서 어떤 부정이 저질러져도, 어떤 불의가 눈앞에서 벌어지고 있어도, 강자가 부당하게 약자를 짓밟고 있어도 모른 척하고 고개를 숙이고 외면했어야 했다.
>
> 눈 감고, 귀를 막으며 비굴한 삶을 사는 사람만이 목숨을 부지하면서 밥이라도 먹고 살 수 있었던 우리 600년의 역사!
>
> 제 어머니가 제게 남겨 주었던 제 가훈은 이것이다.
>
> "야, 이놈아. 모난 돌이 정 맞는다. 계란으로 바위 치기다. 바람 부는 대로, 물결치는 대로 눈치 보며 살아라."

80년대, 시위하다가 감옥 간 우리의…정의롭고 혈기 넘치는 젊은 아이들에게 그 어머니들이 간곡히…간곡히 타일렀던 그들의 가훈 역시 이것이다.

"야, 이놈아. 계란으로 바위 치기다. 고만 둬라. 너는 뒤로 빠져라."

이 비겁한 교훈을 가르쳐야 했던 우리 600년의 역사!

이 역사를 청산해야 한다. 권력에 맞서서 당당하게 권력을 한 번 쟁취하는 우리의 역사가 이루어져야만 이제 비로소 우리의 젊은이들이 떳떳하게 정의를 얘기할 수 있고, 떳떳하게 불의에 맞설 수 있는 새로운 역사를 만들어 낼 수 있다!

고 노무현 전 대통령은 집권 당시 정책 기조를 사회복지를 강화하고 약자의 인권을 향상시키기 위해 정부가 시장 경제에 개입을 허용하도록 했다. 아울러 국민의 참여가 일상화되는 '참여 민주주의 단계'로 발전시켰다.

그러나 진정한 '국민 주권 시대'를 열고 싶어 했던 정권이 모두가 만족할 만한 결과를 내기 위해 계란으로 바위 치는 것 마냥 노력했더니, 어떤 결과를 초래했던가!

2. 악을 어떻게 대할 것인가?

"나 판사요, 나 검사요"라고 하며, 그렇게 권위 달고 거드륵거리고 말았
다는 애기입니까?
부끄러운 줄 알아야지!

'우석'이 불합리하게 돌아가는 재판장의 상황에서 말한 대사이다.

'잘못된 건 표현해야 하고 부당한 현실에 원칙으로 맞설 줄 알아야 한다'라는 〈변호인〉의 메시지에 대부분의 관객은 정의와 공의로운 사회 실현이라는 선한 의도에 동감할 것이다.

법치주의 아래에서 모든 국민이 법의 보호를 받을 수 있는 국가, 공권력으로 인해 무고한 피해자가 나오지 않는 세상에서 살고 싶은 건 모두의 바람이다.

나폴레옹 황제의 명언이 있다.

내 사전에 불가능이란 없다!

인본주의자는 인간의 노력으로 유토피아를 실현할 수 있다고 믿는다. 그렇기 때문에, '정의'라는 이름으로 악과 불의에 맞서 싸우다 보면 사회는 진보한다는 희망을 품고 있다.

그러나 역사를 되돌아보라!

권력을 잡은 인간은 누구든 독재자로 변질되는 사례를 여러 차례 봐 왔지 않은가. 그렇게 위대했던 프랑스의 황제, 나폴레옹의 말년을 봐도 우리는 교훈을 얻을 수 있다.

'우석'이라는 인물을 인본주의적 관점에서 보면 흥미롭다. 자신의 출세와 인생의 꽃길이 열려 있는데, 약자를 돕기 위해 모든 것을 내려놓는다. '우석'은 검찰 심문 중, 검사와의 대화에서 이렇게 말한다.

> 국가의 법이 힘이 약한 국민들을 지켜주지 못하는데 법조인이 앞장서야지요.

'부당한 현실이 개선되어야 한다'라는 신념으로 투쟁과 시위의 현장에서 삶을 헌신한다. 법정에서 그의 모습을 보면, 마치 피해자 본인이 자신을 변호하는 것만큼 분노한다. 단지, 과거의 추억이나 옛정 때문에 이 길을 가기에는 매우 도발적이고 위험한 도전이다. 돈과 명예를 위한

마지막 공판

목적으로 나서는 건 더욱 아닌 것 같다.

'우석'의 불타는 정의감은 어디서 나오는 것일까?

자신의 의로움을 증명하고 싶었던 것은 아닐까?

자신이 희생하면 사회가 선한 방향으로 갈 수 있다고 믿기 때문에 자신이 나서야 할 사명감을 얻게 된다. 자신이 생각한 것이 옳기 때문에 모든 것을 걸 만큼 가치 있는 것이다. 갈등과 다툼 따위는 전혀 두렵지 않다.

오히려, 헤겔의 변증법에서 말하는 것처럼, '두 입장의 대립으로 인해 피를 흘릴지라도, 끝내는 나의 노력으로 좋은 결과를 도출할 수 있을 것이다'라고 생각한다. 이 과정에서 혁명과 투쟁은 불가피하며 결과와 상관없이 계란은 언젠가 바위를 뛰어넘을 수 있다고 확신한다.

진우야, 니가 말하지 않았나?

세상은 계란으로 바위치기라 하지만 바위는 죽은기고 계란은 살아있는기다.

그렇다면, 이렇게 반문할 수 있다.

> 악에 대해 침묵하는 것이 옳은가?

성경은 "믿음의 선한 싸움을 싸우라"(딤전 6:12)고 권면하고 있다. 여기서 골자는 바로 이것이다.

> 과연, 누구를 위한 싸움이고, 누구를 위한 투쟁인가?

본인의 의로움을 증명하기 위한 것이라면, 오히려 사회를 혼란스럽게만 할 뿐, 계란의 존재는 바위에게 어떠한 영향도 미치지 못할 것이다.

성경의 "다윗과 골리앗 이야기"를 통해 우리는 교훈을 얻을 수 있다. 그리고 당당하게 외칠 수 있다.

> 나는 만군의 여호와의 이름 곧 네가 모욕하는 이스라엘 군대의 하나님의 이름으로 네게 나아가노라(삼상 17:45).

여호와 하나님의 이름을 믿는 다윗은 골리앗과의 전투에 나가기 전, 먼저 하나님의 뜻을 구했을 것이다. 이 전투에 나가도 되는지, 나가야 한다면 어떻게 싸워야 하는지를 말이다. 그리고 결정적으로 하나님의 이름을 걸고 싸웠다.

우리는 유일신 하나님의 관점에서 세상을 보는 믿음의 용사들이다. 가장 위대하고 전지전능하신 하나님께서 예수님의 이름을 의뢰하는 사람에게 승리케 하실 것이다.

> 그들이 하갈 사람과 여두르와 나비스와 노답과 싸우는 중에 도우심을 입었으므로 하갈 사람과 그들과 함께 있는 자들이 다 그들의 손에 패하였으니 이는 그들이 싸울 때에 하나님께 의뢰하고 부르짖으므로 하나님이 그들에게 응답하셨음이라 (대상 5:19-20).

신본주의 세계관을 장착한 우리가 세상을 보는 관점은 먼저 하나님의 주권과 경륜의 알고 느껴야 시대를 분별할 수 있다.

콘텐츠를 접할 때, 물질의 진화와 진보의 이론을 믿는 '유물론적 관점'이 아니라 '하나님의 창조의 관점'에서 메시지를 해석해야 한다.

> 하나님의 전적인 주권을 인정하면서, 하나님을 세계와 국가, 그리고 개인을 통치하시는 절대자로 인정하는 메시지인가?
>
> 아니면, 인간의 노력으로 무언가를 계획하고, 이루고, 돈으로 모든 문제를 해설하려는 '물질만능주의'를 찬양하는 메시지인가?

〈변호인〉의 가장 큰 교훈은 가장 큰 적이 바로 '나'라는 사실이다.

나는 열심히 일하고 섬기고 봉사했는데 왜 인정받지 못하는가?

오히려, 마음이 공허해지고 불안한 이유는 무엇 때문인가?

옛 속담에 "하늘은 스스로 돕는 자를 돕는다"라는 말이 있다. 인본적인 관점으로 볼 때, 불의에 맞서 자신의 인생을 올인(All-in) 한 '우석'은 하늘의 도움을 받을만한 충분한 자격이 된다.

인간의 이성으로는 선이 불의를 이겨야 하고, 죽은 바위가 살아있는 계란에 깨져야 정상적인 게임인데, 왜 하늘은 스스로 돕는 자를 돕지 않았는지 창조주의 관점에서도 한 번 생각해 볼 필요가 있다.

> 지나치게 악인이 되지도 말며 지나치게 우매한 자도 되지 말라 어찌하여 기한 전에 죽으려고 하느냐 (전 7:16).

제 4 장
외면받는 우리 아버지의 이야기 〈국제시장〉

개인적으로 〈국제시장〉은 책을 집필하기 위해 봤던 영화 중에 가장 흥미로웠다. 무엇보다도 문화막시즘에 물들지 않고 전쟁 세대의 입장을 대변하는 서사를 배열했다. 젊은 세대의 입장을 전혀 배제하지도 않았다. 한국 사람의 정서에 지대한 영향을 미치지 않을 수 없는 영화임이 분명하다.

한국의 일류 감독인 윤제균 감독의 세계관을 〈국제시장〉 한 편의 영화로 단정 지을 수는 없지만, 이 영화로만 봤을 때는 성경적 세계관으로 비판할 지점을 찾지 못한 것이 사실이다. 진리는 '오직 성경 말씀'뿐이므로 〈국제시장〉이 진리를 담고 있는 것은 아니지만, 〈국제시장〉을 논제로 올릴 수 있었던 이유는 이 영화를 바라보는 여러 평론가의 관점이 흥미로웠기 때문이다.

현대철학의 지식을 배경으로 국제시장의 '덕수'라는 인물을 분석하고 설명하는데 너무나 설득력이 있어서 분별하기 힘들 정도이다. 보수 이데올로기적인 〈국제시장〉과 좌경화된 현대 철학이 만나면 어떤 평론문이 만들어지는지 나눠보고자 한다.

〈국제시장〉의 '덕수'(황정민)라는 인물을 정신분석적으로 설명한 비평문과 미셸 푸코(Michel Foucault, 1926-1984)의 〈권력론〉을 바탕으로 나온 비평문에서 평론가들이 어떻게 주장하는지를 언급해 볼 것이다.

1. 우리 시대의 아버지, 존경의 대상인가? 꼰대인가?

자크 라캉(Jacques Lacan, 1902-1981)의 정신분석학 박사인 김소연 교수의 「진보평론」에 실린 학술논문 「<국제시장>, 혹은 어떤 가족 영웅의 뭉클한 도착증에 관한 보고」를 발췌하여 비평에 대한 분석과 해석을 이어나가려고 한다.

자신의 삶 전부를 가족을 위해 헌신한 산업화 시대 우리들의 아버지!

어려운 시기를 살아오면서 베트남 전쟁에 참전하여 몸의 일부까지도 잃어야 했다. <국제시장>은 '덕수'를 자녀들에게 존경은커녕 환대도 받지 못하는 불쌍한 존재로 보여준다.

그러나 이 비평문에서는 도착증에 걸린 '덕수'라는 인물 개인의 문제로부터 기인한다는 것이다. "싹수도 없는 자녀들의 탓으로 돌리는 영화적 서사는 온당치 못하다"라는 주장을 편다.

윤제균 감독은 산업화 시대를 겪으면서 개인과 조국이 성장과 발전을 만들어 낸 아버지 세대에게 영광을 돌리겠다는 의도가 다분하지만

이에 김 교수는 '덕수'는 도착적으로 돌아가신 아버지에게 매여 있을뿐 '덕수'의 향유는 나르시시즘(Narcissism, 자기 자신에게 애착하는 일)에 불과하다고 주장하고 있다. 비평문의 일부를 발췌했다.

> "덕수가 도착적으로 아버지에게 매여있다"는 것은 영화의 위기 때마다 덕수가 아버지를 찾는데에서 알 수 있다. 덕수의 아버지는 끝내 생환하지 못한다. 그러나 덕수에게 아버지는 삶의 매 순간 살아있는 존재이다. 독일의 광산에서 갱도가 무너져 석탄더미가 몰려오는 순간에도 그의 단말마(斷末魔)는 "아버지!"이다. 갱도 속에 고립된 채 생사를 오갈 때에도 그는 "아버지, 아직까지는 잘 지키고 있습니다"라며 자신의 생존을 아버지에게 고한다.
>
> 가족, 친구, 시장 사람들 모두와 불화하면서도 '꽃분이네'를 끝까지 포기하지 못한 것 역시 거기가 아버지와의 약속 장소이기 때문이다. 가부장으로서 가족을 잘 지킬 것을 명하는 아버지의 도구로서 그의 삶은 실로 빈틈이 없었다.
>
> "아버지, 내 약속 잘 지켰지예?
>
> 이만하면 내 잘 살았지예?
>
> 근데 내 진짜 힘들었거든예"
>
> 오열하는 덕수의 삶을 정당화 해 줄 이는 힘겨운 시간을 함께 지나온 친구나 가족이 아니라 오직 그의 마음속에서 가치의 보증자로서 살아 숨쉬던 아버지뿐이다.

피난과 피난살이에 얽힌 어린 덕수의 트라우마는 어른 덕수가 참여한 또 다른 전쟁인 베트남 영화 속에서 완벽하게 재상영되고 또 해소된다. 어린 시절 미군에게 받은 초콜릿을 사수하기 위해 당했던 폭력의 기억은 베트남 아이에게 초콜릿을 주면서 치유된다.

또한, 갑작스러운 베트콩의 공격에 어린 여자아이가 물에 빠졌을 때도 덕수는 물에 뛰어들어 아이를 구하는 데 성공할 뿐만 아니라 마을 사람들을 배에 태워 탈출시키기까지 한다.

이때 총을 맞아 다리를 절게 된 것은, 어쩌면 아버지와의 이별의 원인 제공자였던 자기 자신의 죄의식을 덜어주는 '자기 처벌'이었을 것이다. 그러므로 베트남에서의 사건은 '흥남 부두 트라우마'의 완전한 복기이자 치유이다.

그뿐이랴!

미국으로 입양 갔던 '막순이'와도 KBS 이산가족 찾기를 통해 재회하면서 덕수를 괴롭혀 온 모든 전쟁 트라우마는 사라진다.

슬라보예 지젝(Slavoj Žižek, 1949-)에 따르면, 트라우마적 주체는 기존의 의미 체계를 초기화시키고 새로운 질서를 재발명할 수 있는 순수 주체성을 구현할 수 있다.

그러나 덕수는 어머니의 인정과 참전의 경험을 통해 자신의 트라우마를 남김없이 해소한다. 이는 그가 자폭적 트라우마의 상태를 성공적으로 빠져나갔음을 의미한다.

한국 전쟁과 베트남 전쟁 에피소드의 이러한 조응은 서사의 자기 완결성을 위해 의도된 것이다.

김 교수는 어린 '덕수'가 받았던 트라우마와 각종 상처가 베트남의 여러 사건을 통해 치유되고 회복된다는 주장을 지젝의 이론을 근거로

'덕수'의 트라우마는 남김없이 해소가 되었을 것이라고 주장한다.

"산업화 세대인 '덕수'가 여러 전쟁과 파독 광부로서 고생과 희생을 겪긴 했어도 그 댓가로서 결국 자신의 만족을 얻었을 것이다"라는 뜻으로 해석된다.

이 비평문은 학문적으로 충분히 설득력이 있다. 이 논문을 언급하는 주된 이유는 정신분석학에 대한 이야기를 하려는 것이 아니다. 영화를 만드는 감독이건, 영화를 보고 비평을 하는 평론가이건 각자의 세계관이 창작물에 녹아들게 되어있다는 맥락에서 다루는 것이다.

김 교수는 〈국제시장〉의 이데올로기에 대한 부분을 이와 같이 언급한다.

> 이 영화의 개봉 직후, 항간에는 이 영화가 정치적 사건들을 내용에서 배제하는 방식으로 보수 이데올로기의 편에 선다는 비판이 있었다.
> 예를 들면, 〈국제시장〉은 부마사태와 광주항쟁을 다루지 않으며, 서울대에 입학한 동생 '민규'가 연루되었을 수 있는 학생운동사를 전하지 않았다.
> 이에 대해 윤제균 감독은 여러 인터뷰에서 "〈국제시장〉은 상업 영화이며, 따라서 논란의 여지가 있는 내용을 일부러 피했다"라고 밝혔다.
> 영화를 보기 전, 그의 대답은 충분히 설득력 있게 느껴졌다. 특정 인물이 모든 역사를 다 경험할 수 없을뿐더러 반드시 그럴 필요도 없기 때문이다.

그러나 영화를 보고 나서 내 생각은 바뀌었다. 이 영화가 보수적이라는 평가는 옳았다. 단, 내용이 아니라 형식의 차원에서.

〈국제시장〉은 모든 사건을 시작과 종결로 조응시키는 방식으로 전체 서사를 구획한다. 예를 들면, 같은 민족끼리 총질했던, 미국의 힘에 빌붙어 생존했던 한국 전쟁의 트라우마적 기억을 베트남 전쟁에서 한국군이 구원자의 역할을 수행하는 것으로 조응시킨다. 또 정주영 회장이나 앙드레 김 같은 역사적 인물들의 도전적 발상을 물질적 성공의 스토리로 조응시킨다.

그러나 이러한 서사적 배치는 사건(알랭 바디우가 말한 의미에서)의 열린 의미화 가능성과 무한한 자기부정의 계기들을 봉쇄한다. 그래서 한국 전쟁에서의 미국 역할, 한국 군의 베트남 전쟁 참전과 재벌의 발흥, 3S 산업과 우민화 정책에 대한 역사적 평가를 이러한 서사적 통합성의 관습에 따라 '대충 수습' 한다.

거기에 더해진 코믹 모드와 눈물 효과는 그렇게 수습된 역사의 이데올로기적 효과를 얼버무리는 장치다. 물론 〈국제시장〉은 역사의 시간 속으

로 직행해서 관객에게 엄청난 카타르시스를 전달한다. 도입부에서 흥남부두를 비롯, 영화는 정확히 숭고미에 호소하는 장면들을 펼쳐 놓는다. 그런데 집채만 한 파도가 주는 숭고미를 향수할 수 있으려면 그 파도를 마음 놓고 구경할 수 있는 거리 밖에 있어야 한다. 마찬가지로, 우리는 모든 사태가 이미 종료되었으며 과거의 시간은 현재의 자신에게 전혀 위협적이지 않다는 안도감을 내장하고서야 비로소 카타르시스를 누릴 수 있다.

그렇다면, 느린 속도와 장엄한 음악과 익스트림 롱 숏(Extreme Long Shot)으로 이루어진 회피할 길이 없는 눈물의 미학은 저 파괴적인 역사적 시간이 현재로 넘어오지 못하도록 시간의 현전성(現前性)을 통제하려는 노력이 아니고 무엇이겠는가?

이런 상업성은 아무래도 좀 비겁하다. 지젝에 따르면, 나쁜 아버지를 좋은 아버지로 바꾸기 위해 '내가 왜 당신이 말하는 그런 사람이라는 거지요?'라고 끊임없이 질문하던 근대 민주주의의 시민 주체, 히스테리적 주체의 시대는 갔다.

지금은 자본주의라는 대타자에게 복종하며 상품물신주의의 노예가 되는 도착적 주체성의 시대이다. 도착증의 시대에 오이디푸스적 아버지는 허약하고, 무능하며, 사실상 '부재중'이다. 아이들은 그를 상징적 권위의 담지자가 아니라 상상적 경쟁자로 지각한다.

덕수가 파독 광부로 선발되기 위해 애국가를 부르자 모두가 따라 부르게 되는, 아내와 베트남 참전 문제로 다투다가도 덩달아 국기에 대한 경

례를 하는 상황이 이 영화에 웃음 포인트로 안배되었다는 사실은 오늘날 상징적 권위의 실추를 단적으로 노출한다.

모든 것을 즐기되 자아의 통합성을 무너뜨리지 않는 선에서 후퇴할 것. 그 절묘한 줄타기를 수행 중인 도착적 자식 세대에게 아버지 세대의 비장하고 엄숙한 역사를 그저 또 다른 즐길 거리로서 갖다 바치는 영화. 그것이 〈국제시장〉의 상업성의 요체다.

그런 의미에서 부산, 마산, 광주를 잇는 민주주의의 마지노선을 이 영화가 소재로 끌어들이지 않은 것은 그 피의 역사가 아직은 즐길 만한 것이 아님을 영악하게 간파하고 있다는 뜻이다.

〈국제시장〉의 상업성이 구사한 '배제'의 전략은 역설적이게도 진정 치열했던 한국 민주주의의 역사에 대한 '존중'의 표현일 수도 있는 것이다.

김 교수에 따르면 〈국제시장〉은 민주화 과정에서 발생했던 정치적 사건을 배제함으로써 보수 이데올로기의 편에 선다는 것이다.

미국의 원조와 기업의 성장과 같은 이승만, 박정희 대통령의 산업화 과정에서 대한민국의 무궁한 성장에 관한 이야기만을 다룬 것에 대한 극도의 불편함을 드러낸 것이다.

그러면서 정전 협정 후 분단이 된 지금, 이미 끝나버린 전쟁과 그 당시의 상처에서 자유할 수 있는 상황임에도 영화적 기술과 장치로 관객들의 눈물을 뽑아내는 비겁한 결정이었다고 주장하고 있다.

또한, 자본주의에 대해서도 비판적으로 말하고 있다. 지금 시대는 자본주의에 복종하는 사회이며, 상품물신주의의 노예가 되는 도착적 주체성의 시대라고 비하한다. 모든 것을 돈으로 가치를 판단하는 오늘날의 시대에는 덕수와 같은 영웅적인 캐릭터일지라도 허약하며 무능하며 현대식 표현으로 '꼰대'에 불과하다는 것이다.

그렇기 때문에 자녀 세대는 산업화 세대인 아버지를 존중하고 모셔야하는 존재가 아닌 친구와 같거나 또는 그 이하로 여긴다는 것이다. 비평문의 마지막은 가히 충격적이다.

> 덕수라는 분열적 캐릭터를 통해 〈국제시장〉은 마치 이렇게 말하는 것만 같다.
>
> "이것은 뻔한 영웅주의 계몽 선전 영화가 아니야. 이것은 어디에나 흔한, 너무 부유하지도, 너무 명예롭지도, 너무 인자하지도 않은 네 아버

지에 관한 영화야."

그러나 덕수에 대한 관객들의 감정은 모순적일 수밖에 없다. 생존의 숙제와 온몸으로 맞붙어 싸웠던 그의 승리에 공감과 공경의 박수를 보내면서도, 그가 아무런 트라우마도 결여도 없는 괴물이 되어 군림할 가능성은 결단코 환영할 수 없기 때문이다.

그래서 마련된 반전들. 다리를 절룩이며 걷는 노인 남자의 쓸쓸한 뒷모습은 전혀 위협적이지 않다. 가족사진을 찍으면서 혼자만 눈을 감는 어리숙한 오빠는 위협적이지 않다. 손주들마저 할머니에게로 몽땅 달려가는 바람에 벌렸던 품 안이 민망해지는 할아버지는 결코 위협적이지 않다.

이것이 바로 한 번도 좋은 아버지를 가져보지 못하고 나쁜 아버지에 대한 경계심만을 역사적으로 학습한 자식들을 다루는 〈국제시장〉의 방식이다.

단단한 모든 것을 녹아 공중으로 사라지기 마련이다.

자, 이제 즐길만하지?

뭉클하지?

'그가 아무런 트라우마도 결여도 없는 괴물이 되어 군림할 가능성은 결단코 환영할 수 없다'는 이 대목은 도대체 어디까지 수용하고 받아들여야 하는가!

철저하게 진보평론이라는 간행물의 독자들의 시선을 의식해 어쩔 수 없이 이렇게 표현했다고 믿고 싶다. 한 술 더 떠 민주화 운동의 배제라

는 전략은 역설적으로 치열했던 한국 민주주의 역사에 대한 존중이 아닐까라며 독자들에게 민주화에 대한 위대함을 인지시킨다.

이 비평문을 성경적 관점으로 따져봤을 때 납득할만한 여지가 없다. 신약성경의 에베소서는 부모와 자녀들의 관계를 분명하게 제시하고 있다.

> 자녀들아 주 안에서 너희 부모에게 순종하라 이것이 옳으니라 네 아버지와 어머니를 공경하라 이것은 약속이 있는 첫 계명이니 이로써 네가 잘되고 땅에서 장수하리라 또 아비들아 너희 자녀를 노엽게 하지 말고 오직 주의 교훈과 훈계로 양육하라 (엡 6:1-4).

천만 관객의 흥행 기록은 영화 바깥의 수많은 오이디푸스의 아이들(관객)이 '덕수'에게 동일시하거나 탈동일시한 세대분열까지 조장하는 영화라고 비평했다. 즉, 〈국제시장〉이 세대갈등을 일으키게 만들었다는 것이다.

이 비평문의 내용은 차라리 막말을 듣는게 오히려 낫겠다 싶을 정도이다. 학문적 용어를 사용하여 논리적으로 적나라하게 비평한 글이니만큼 더욱 뼈아프다. 반대로 진보평론은 환영했을 것이다.

〈국제시장〉을 본 관객의 반응 역시 다양했다. 영화를 보는 내내 눈물을 흘리다가 오열하며 우는 사람도 있었던 반면에, 안쓰러운 비사회적 퇴물로 성질 불통의 노인네가 나오는 신파극에 불과했다고 평가하는 관객도 적지 않았다.

영화계 안에 활동하는 문화막시스트들은 성경의 에베소서의 가르침을 유교식 가부장제의 유물이라며 권위주의를 부정한다. 문화막시스트들은 남성 중심의 가부장 질서로 형성된 가정, 그리고 침실에서 이루어지는 성관계도 정치적 관점에서 이데올로기 투쟁의 대상이라고 여긴다.

가부장제와 이성애 중심의 일부일처제, 가족 등의 이데올로기들을 파괴하고 전통적 가정을 해체해야만 진정한 해방이 이루어진다고 믿기 때문이다. 성별의 개념, 가족의 개념을 해체하고 재구성하는 것이 이들의 사명이고 정치투쟁의 목표가 된다. 다시 말해, 정치투쟁과 혁명을 통해 전통적 가정을 해체하고 진정한 해방과 자유를 쟁취할 수 있다고 철저하게 믿고 있다.

영화뿐만 아니라 영화 평론을 통해서도 우리가 가진 소중한 가치를 빼앗길 수 있다는 것을 살펴보았다. 학문적으로 글의 구조적으로나 작가적으로나 완벽해 보이는 비평문을 통해 우리에게 문화막시즘적 세계관이 그럴듯하고 당연하게 다가온다.

우리 시대의 아버지를 자녀들에 군림하는 괴물로 만들어가고 있지 않는가!

〈국제시장〉이라는 영화를 기획한 윤제균 감독의 의도와 달리 전혀 다른 방향으로 해석하고 우리들에게 설득하고 있는 또 다른 메시지를 분별해야 한다. 이번 계기를 통해 우리의 세계관을 다시 한번 점검해 보길 권면 드린다.

2. 개인화를 통한 전체화하는 과정들과의 통합

미셸 푸코의 철학적 관점으로도 〈국제시장〉을 볼 수 있다. 푸코의 철학은 68혁명 이후 형성된 좌파의 이론 지형에서 중요하다. 해체주의나 후기 구조주의로 부를 만한 요소도, 포스트모던이라고 표현할 요소도 모두 갖추고 있기 때문이다. 푸코가 권력을 보는 관점은 거시적인 정부나 국가, 대통령 선거와 같은 실체가 있는 것이 진짜 권력인 것이다.

반면에, 개인적 담론은 미시적 차원이며, 거시적 차원에 미시적 차원이 종속되어 지배관계가 형성된다고 주장한다.

따라서 미시적 차원에서 미시정치를 바꾸기 위해 투쟁이 필요하다고 주장한다. 거시적 차원의 권력은 실체가 있고 눈에 보이는 가시적인 것이지만 미시적 차원의 권력은 너무 일상적이고 당연한 것처럼 돌아가기 때문에 눈에 보이지 않는 규율적 통제라는 것이다.

푸코에 따르면 근대적 인간은 생명 자체가 정치에 의해 관리되는 존재라고 인식한다. 개인이 살아있는 신체로서 정치 전략의 중요한 대상이 될 때에 비로소 사회가 생물학적 근대성에 도달한 것이라고 여기는 것이다. 자본주의가 발전할 수 있었던 이유는 자본에게 순종하는 신체로 작동했기 때문이라고 주장한다.

그리고 이 과정 속에 생명 권력의 규율적 통제가 있었음을 암시한다. 푸코는 권력을 경제적 소유물로 보는데 푸코의 권력론은 경제를 기초로 한 이론으로, 단수의 실체가 아닌 다양한 권력관계 속에서 만들어진다고 주장한다.

이러한 생명 권력이 지배 구조를 이용하여 정치적 목적을 달성하는 것에 대해 푸코는 투쟁을 일으킨다. 개인은 지배 받지 않을 수 있는 존재인데 국가의 명령에 놀아나게 만드는 규율적 통제로 인하여 개인은

불가피하게 종속된다는 것이다.

이 푸코의 주장은 가정이라는 '미시정치'에서도 적용한다. 가정의 여자와 자녀들은 가장인 남자에게 복종해야하는 권력관계가 형성된다는 것이다. 거시적 차원의 권력인 가장이 미시적 차원에서 여자와 자녀를 종속한다고 주장한다.

심지어 침실에서 부부가 갖는 성관계의 상황에서도 권력관계를 갖는다. 남자가 여자의 몸을 지배할 수 있는 가부장적 제도가 지배-종속관계인 권력적 담론 구조를 만든다는 것이다.

푸코는 미시적 차원에서 통제적 규율을 그대로 받아들이지 말고 투쟁해야한다고 주장한다. 즉, 사회가 개인을 통제하고 자유를 억압하는 것에 대해 끊임없이 저항하라는 것이다.

〈성경적 세계관〉에서 이정훈 교수는 푸코의 이론을 영화〈국제시장〉을 예시로 들면서 설명하고 있다.

> 인기를 끈 영화〈국제시장〉을 떠올려 보세요.
> 주인공은 파독 광부 모집에 지원합니다. 박정희 시대는 근대국가를 건설하고 산업화의 과정을 겪는 시기입니다. 자본은 광산에서 일할 '순종하는 신체'를 필요로 합니다. 국가는 국민에게 국민 체조를 보급하고 개인의 건강을 보건 정책의 활용을 통해 관리합니다. 전염병이나 공중보건을 국가가 관리하게 됩니다. 건강한 청년이 있어야 독일에 가서 광부도 하고, 군인이 되어 베트남 전쟁에 참전할 수 있는 것입니다.

이 시대의 권력의 입장은 조선 시대의 애민사상이나 통치기술과는 본질적으로 다릅니다.

당시 유럽의 선진국과 같은 사상과 표현의 자유(정치적 자유)는 없었지만, 독일에 광부로 가는 것은 개인이 선택한 것입니다. 개인은 시장에서 자신과 가족을 위해 다양한 선택을 할 수 있습니다.

이러한 선택의 자유도 권력이 보장하는 것입니다. 강제로 동원된 것이 아니죠. 그러나 이 개인은 한국이라는 국가를 인식하고 노동과 외화수입을 개인의 문제로만 여기지 않습니다. 개인화와 개인화를 다루는 권력의 기술은 이 개인을 전체화로 수렴시킨다는 뜻입니다.

시장에서 자유롭게 자신과 가족을 위해 선택하는 개인이 있고, 주권적 권력은 이 개인의 생명 자체와 건강을 중요한 정치문제로 다룹니다. 이 개인은 건강하게 기업에서 일하고 가족을 부양합니다. 이 개인들을 권력의 전체화 과정에 통합시킵니다.

이제 권력은 주로 국민의 생명과 건강을 관리합니다. 이러한 관점은 병원과 제약회사(다국적 자본)가 전문가 그룹(보건, 건강 전문가와 관료 집단)과 더불어 인간의 몸과 생활을 지배하는 권력의 상황을 묘사하는 이론으로 발전했습니다.

코로나 19 방역 상황을 실제로 겪으니까 제 설명이 잘 이해되지 않으십니까?

가정 내에서 가부장적 가장의 권력은 미시적 관점에서 존재합니다. 가장은 남자입니다. 여성과 아이들은 복종합니다. 가정은 출산을 통해 사회 구성원을 재생산합니다. 남편이 해외에서 외화 벌이를 할 동안 여성은 간통하지 않고 묵묵히 순종하며 아이들을 양육해야 합니다.

가정 내의 미시정치와 대통령 선거나 의회, 정당 정치와 같은 거시 정치는 총체로서 권력관계를 형성하고 있습니다.

이정훈 교수는 미셸 푸코의 생명 권력에 대한 적절한 예시를 〈국제시장〉의 시대적 배경과 덕수라는 개인의 관계 통해 쉽게 설명했다.

국가로 대표되는 박정희 정권은 개인을 파독 광부로 보냄으로서 외화수입이라는 정치적 목적을 달성했다. 또 덕수라는 개인은 자본주의라는 체제 속에서 자신과 가족을 위해 파독 광부에 지원하는 선택을 함으로서 자본에 순종하는 구조가 된다는 것이다.

다시 말해, 국가라는 '전체'와 덕수라는 '개인'이 형성된 권력 구조 속에서 자본주의가 요구하는 '순종하는 신체'가 될 수밖에 없다는 것이다. 푸코의 이론이 합리적이고 설득력있어 보이지만, 결국 가정 해체의 결말로 치닫게 되는 문화막시스트 중 한 명일 뿐이다.

푸코의 주장과 반대로 생각해 볼 수도 있다.

〈국제시장〉의 덕수는 철저히 개인과 가족에게 충실했고, 그로 인해 국가와 사회의 경제 발전에도 큰 역할을 한 인물에 가깝다.

덕수라는 인물이 얼마나 전통적 가정 질서에 FM(Field Manual, 여기서 FM은 군대 용어로 '정석대로'라는 뜻을 가지고 있다)대로인지 결혼 전과 후에 아내를 다루는 태도가 다르다. 연애할 때는 여자와 손도 마음대로 잡지 못하는 숙맥이지만 결혼 후에는 가장으로서 여자에게 복종을 요구하는 성경적 남성의 표본을 보여준 셈이다.

지금은 많이 다르겠지만, 전형적인 산업화 세대의 가정을 그려냈다.

> 아내들이여 자기 남편에게 복종하기를 주께 하듯 하라 이는 남편이 아내의 머리 됨이 그리스도께서 교회의 머리 됨과 같음이니 그가 바로 몸의 구주시니라 그러므로 교회가 그리스도에게 하듯 아내들도 범사에 자기 남편에게 복종할지니라 남편들아 아내 사랑하기를 그리스도께서 교회를 사랑하시고 그 교회를 위하여 자신을 주심 같이 하라 이는 곧 물로 씻어 말씀으로 깨끗하게 하사 거룩하게 하시고 자기 앞에 영광스러운 교회로 세우사 티나 주름 잡힌 것이나 이런 것들이 없이 거룩하고 흠이 없게 하려 하심이라 이와 같이 남편들도 자기 아내 사랑하기를 자기 자신과 같이 할지니 자기 아내를 사랑하는 자는 자기를 사랑하는 것이라 누구든지 언제나 자기 육체를 미워하지 않고 오직 양육하여 보호하기를 그리스도께서 교회에게 함과 같이 하나니 우리는 그 몸의 지체임이라 그러므로 사람이 부모를 떠나 그의 아내와 합하여 그 둘이 한 육체가 될지니 이 비밀이 크도다 나는 그리스도와 교회에 대하여 말하노라 그러나 너희도 각각 자기의 아내 사랑하기를 자신 같이 하고 아내도 자기 남편을 존경하라 (엡 5:22-33).

성경에서도 남자와 여자에 대해 분명하게 말하고 있다. 아내들에게 자기 남편에게 복종하는데 그 정도를 "주께 하듯 하라"라고 가르친다.

그리스도께서 교회의 머리가 되는 것과 같이 남편이 아내의 머리가 되기 때문에 교회가 그리스도에게 하듯 아내들도 범사에 남편에게 복종하라고 명령하시지 않았나.

오늘날 기준으로 보면 복종 수준이 꽤 높다. 분명한 건 타협점이 없는 철저한 복종관계를 말씀하셨다. 반대로 남편은 아내를 자신의 목숨을 십자가에 내어 준 것과 같이 아내를 목숨보다 사랑하라고 명령한다.

이것은 또 얼마나 높은 수준의 사랑인가!

내 목숨보다 더 사랑하라니 가능하기나 한 걸까?

남편과 아내의 관계는 주님의 몸 된 교회가 되며, 거룩하고 흠이 없는 영광스러운 교회로 세우시기 위함임을 알 수 있는 대목이다.

푸코의 철학은 동성애와 페미니즘으로까지 확장된다. 기존의 체제를 해체하고 거시정치의 지배에서 탈출하라는 맥락에서 기인한다.

남자와 여자가 사랑하는 진리에 종속되어 지배받지 말라는 것이다. 성별과 젠더의 구분을 거부하고 제도적 지배 담론의 산물로 간주하라는 것이다. 여성의 차별에 대해 적극적으로 투쟁하여 여성의 권리 향상을 쟁취하라는 것이다. 소아성애와 근친상간이라는 사회적 금기 사항에 대해 구속받지 말라는 것이다. 개인의 정체성을 구속하는 제도권의 체제와 투쟁을 해서 미시정치의 권력 밖으로 나와보라고 주장한다.

푸코에 영향을 받은 주디스 버틀러는 푸코의 이론을 더욱 탄탄하게 만들어 낸다.

오늘날 문화막시스트들의 주요 키워드이자 핵심 철학으로 사용되어지는 퀴어 이론이다.

성경은 마지막 때에 고통하는 때가 이르면 자기를 사랑하는 시대가 될 것이라고 알려준다. 돈을 사랑하며 자랑하며 교만하며 자랑하며 비방하며 부모를 거역하며 감사하지 아니하며 거룩하지 아니하며 무정하며 원통함을 풀지 아니하며 모함하며 절제하지 못하며 사나우며 선한 것을 좋아하지 아니하며 배신하며 조급하며 자만하며 쾌락을 사랑하기를 하나님 사랑하는 것보다 더하게 될 것이라고 말하고 있다.

〈국제시장〉에서 덕수의 자녀들은 손자들을 부모에게 맡긴 채 여행을 떠나버리는 매정한 자녀 군단이라는 것이 납득이 가는가?

혹시, 내가 그런 자녀 군단에 속해 있는 건 아닌지 되돌아보는 기회가 되면 좋겠다.

고집불통에 소통에 무능하고 위협적인 부모 세대를 이해하지 못하는 자녀 세대에게 고한다.

네 아버지와 어머니를 공경하라 (엡 6:2).

제 5 장
공산주의자 김원봉과의 연합 〈암살〉

〈암살〉의 최동훈 감독의 영화 역시 봉준호 감독이 자신만의 장르물을 만들어 내는 것처럼 '최동훈 장르'가 계속해서 나오고 있다. 2012년 〈도둑들〉에 연이어 천만 관객을 돌파한 흥행 감독으로 명맥을 잇는다.

이미 2006년에 〈타짜〉라는 영화로 한국 장르 영화의 신기원이라고 불릴 만큼 연출력의 탁월함은 봉준호 감독에 버금가는 극찬을 받고 있는 영화 감독이다. 〈암살〉을 본 많은 관객들이 친일과 반일이라는 이념과 상관없이 소위 말하는 "〈국뽕 콘텐츠〉로서 훌륭하지 않냐?"라고 말할지도 모르겠다.

〈암살〉은 이분법의 선과 악의 구도로 영화의 서사를 전개하여 흥미진진한 스토리 라인을 구축했다. 연출력이나 시대의 구현, 캐릭터의 연기, 영화적 설정, 미쟝센이라는 영화의 요소도 탁월했다. 그러나 올바른 역사관을 가지고 있는 관객의 입장으로서 여전히 타협할 수 없는 지점이 있는 건 사실이다.

영화에 대해서 논하기 전, "역사적 인물에 대해 민감한 부분을 꼬집어 비판하는 것이 옳으냐?"라고 물을 수도 있겠다. 이에 대한 답을 한다면, "문화를 통해 선동하고 혁명을 일으키고자 했던 문화막시스트들의 전략을 다시 생각해보라"라고 말하고 싶다.

분명히 분별할 지점이 있기에 영화의 초반과 후반 부분에 등장하는 두 인물 '김구'와 '김원봉'에 대한 내용과 남북 통일의 방식에 대해 다루어 보려고 한다.

1. 김원봉과 김구의 관계

　민족의 아픈 과거 일제강점 시대의 친일파를 척결하고자 독립군들의 비밀 작전을 통해 〈암살〉 미션에 성공함으로서 민족적 카타르시스, 국뽕 감정을 유발시킨다.

　최동훈 감독은 영화에서 백범 김구와 약산 김원봉이라는 두 인물을 등장시킨다. 일반적인 공교육에서는 역사 시간에 김구는 독립운동가이자 대한민국임시정부의 민족 지도자라고 교육 받았을 것이다. 많은 MZ세대는 어릴 적 부모님이 위인전을 사주셨던 기억이 날 것이다.

　하얀색 도복을 입고 검정 뿔테 안경을 쓴 그 분이 인상 깊게 남아 있을 것이다. 바로 독립운동가 '김구' 선생이라고 불리는 분이다. 김구는 한국의 공교육을 받은 사람에게는 민족의 지도자로서 위대한 인물로 여겨진다.

　그러나 김구는 대한민국의 건국 과정에서 미군정을 배제한 민족주의적 통일을 이루어야 한다고 주장했다. 그뿐만 아니라 자유민주주의 정

부가 아닌 남북의 연립정부를 수립하고자 했다. 우리에게 알려진 위대한 지도자로서의 깜냥이 될 수 없는 것이 분명하다.

이번 〈암살〉이라는 영화는 김구에 대해 논하기보다는 공산주의자 김원봉이라는 인물을 대하는 감독의 세계관과 성경적 관점에서 어떻게 비평할 수 있는지를 다루고자 한다. 아울러 자유민주주의와 공산주의의 연립정부수립에 대한 좌우합작 연대는 불가능한 이유에 대해서도 나누고자 한다.

영화 속 김원봉(조승우)은 일본의 주요 인사를 암살한다. 조선의 입장에서는 독립운동가이지만 일본 입장에서는 동양 평화를 위협한 인물로서 8만 엔의 현상금이 걸린 범죄자였다. 일제 시대 역대 조선 독립운동가 중 가장 높은 현상금을 걸었다는 이야기까지 전해질 정도였다.

'최고 현상금'은 100만 원이었다. 당시 쌀 한 가마니가 20원에 불과했으니, 현재 가치로 따지면 약 320억 원에 달한다고 한다. 이는 백범 김구(당시 현상금 60만원)보다 더 높은 금액이었다. 그만큼 김원봉은 일제의 간담을 서늘케 한, 대표적인 조선의 독립운동가였다.

〈암살〉에서 김원봉은 대한민국임시정부에서 김구를 만나는 장면이 나온다. 김구는 김원봉의 결혼식 참석을 못해 미안하다는 인사를, 김원봉은 김구 아내의 장례식에 참석하지 못해 미안하다는 인사를 나눈다. 오랜기간 교제해왔던 이들의 친분을 보여준다. 최동훈 감독은 이 둘의 연합으로는 심심하다고 생각했던 모양인지 영화적 상상력을 발휘하여 밀정 역할을 하는 '염석진'(이정재)이라는 인물을 가미했다.

'염석진'은 일제 기록에 따르면, 극우 성향의 비밀결사단체 '백의사'의 대표였던 실제 인물이다. '염석진'은 실제 '염동진'이라는 인물로 유추해볼 수 있는데, 염동진은 광복 이후에 공산주의 척결을 위해 맹렬한

반공운동을 했던 핵심 인물이기도 하다.

1946년 3.1절 때 김일성 암살을 시도했을 만큼 자유민주주의를 위해 활동했던 기록이 남아있다. 하지만 영화에서는 민족의 배신자로 나타난다.

최동훈 감독의 속내를 다 알 수는 없지만, '판에 박힌 공산주의자'였던 김원봉을 민족의 독립운동가로 설계했던 것과는 확연히 대비된다. 우파 성향의 독립운동가에 대해서는 탐탁치 않게 여기는 것이다.

영화는 민주주의 진영과 공산주의 진영, 그리고 민족의 배신자 염석진을 필두로 친일파를 척결하는 스토리가 전개된다. 주제와 상관없는 김구와 김원봉은 극 중에서 한 발 물러났다가 1945년 중국 상하이에 있는 대한민국임시정부에서 재회한다. 윤봉길의 도시락 폭탄으로 일본 시게미쓰 마모루(重光 葵, 1887-1957) 외무장관이 중상을 당한 소식이 나오면서 말이다.

여기서 주목해서 봐야하는 부분은 '김구와 김원봉의 연합'이다. 실제 김구의 『백범일지』를 보면, 김원봉에 대한 김구의 생각을 잘 알 수 있다.

> 김원봉이 내게 특별히 만나기를 청하기로, 어느 날 만났더니 그는 자기도 (독립운동 세력) 통일 운동에 참가하겠은즉 나더러도 참가하라는 것이었다. 그가 이 운동에 참가하는 동기는 통일이 목적인 것보다도 중국인에게 김원봉은 공산당이라는 혐의를 면하기 위함이라 하기로 나는 통일

은 좋으나 그런 한 이불 속에서 딴 꿈을 꾸려는 통일 운동에 참가할 수 없다고 거절하였다. -『백범일지』中에서 -

둘은 추구하고자 하는 사상이 정반대였다. 김구는 민족주의적인 민주주의를 추구했고, 김원봉은 월북한 엄연한 공산주의자이다.

김원봉은 1925년 조선공산당 출신 안광천과 베이징에서 '레닌주의정치학교'를 만들었고, 이 곳에서 교육시킨 청년들을 국내로 파견해 조선공산당 재건 활동을 도왔다. 1935년에 김원봉이 민족혁명당을 창당했는데 혁명적 노동자, 농민 중심의 하층 통일 전선을 우선으로 하고, 이후에 민족주의자와의 상층통일전선을 추구한다고 밝혔다.

이런 통일전선론은 레닌(Vladimir Ilyich Lenin, 1870-1924)이나 마오쩌둥(Mao Zedong, 1893-1976) 등 공산주의 지도자들이 펼친 전형적 전술이라는 점에서도 그의 성향을 논할 여지가 없다.

김구와 김원봉은 근본적으로 사상이 달랐다. 이 사실을 알 수 있는 또 한 가지 자료를 발췌했다. 「중앙일보」의 유성운 기자가 작성한 기사를 한 번 보자.

> 김구가 이끄는 임시정부(한국독립당)와 김원봉이 이끄는 민족혁명당은 각기 좌우 독립운동 세력을 대표했는데, 세력 주도권이나 중국 국민당에서 받는 원조를 놓고 경쟁, 갈등관계였고, 물리적 충돌을 빚기도 했습니다. 이런 갈등은 1942년 10월 김원봉이 이끄는 민족혁명당이 전격적으로 임시정부에 참여하면서 임시 봉합됩니다. 김원봉은 김구(주석)보다 아래인 한국 광복군 제1 지대장을 맡았습니다. 결국, 김원봉이 고개를 숙인 셈이었는데, 여기엔 현실적 고민이 작용했습니다.
>
> **첫째**, 중국 국민당에서 임시정부의 정식 승인을 시사하면서 양측의 통일을 제안했다는 점입니다.
> 즉, 김구의 손을 들어준 셈이 됐습니다. 김원봉으로서는 실망스러웠지만 거절하기도 어려웠습니다. 향후 국민당의 원조가 임시정부로 일원화되면 김원봉으로서는 조직을 꾸리기도 어려운 상황이었기 때문이죠.

둘째, 김원봉이 양성했던 조선의용대 일부가 화북 지역의 중국 공산당으로 넘어가면서 조직이 위축됐다는 점입니다.

김원봉 세력으로선 더는 독자 노선을 고수하긴 어려운 상황이었습니다.

영화 〈암살〉에서 다루고 있는 김원봉은 대한민국임시정부로 들어왔던 이유가 분명 있었던 것으로 보인다. 그러나 광복 후 남북협상 때 다시 월북했고 북한 최고인민회의 고위 간부까지 역임한다. 그러다가 정말 안탑깝게도, 결국 김일성에게 숙청당해 비참하게 죽는다.

조선의열단을 조직해 항일운동의 주역으로서 독립운동가로 칭송받을 만하지만, 누가 뭐래도 명백한 공산주의자라는 사실까지 부인해서는 안 된다.

역사적 사실을 외면한 채, '김원봉이 공산주의자가 아니다'라고 주장하는 특정 단체, 특정인을 보고 있으면 많은 다음세대가 혹여 김원봉에 대해 항일운동의 선구자로만 보진 않을까 우려가 된다.

2. 자유민주주의와 공산주의는 물과 기름의 관계

　최동훈 감독이 역사와는 조금 다른 방향으로 시나리오를 각색한 것은 분명해 보인다. 김구와 김원봉의 연합이 거짓이었고 가짜 평화였듯이 지금부터는 자유민주주의와 공산주의는 결코 온전히 하나 될 수 없다는 것을 말하고자 한다.

　물과 기름이 섞일 수 있는가?
　선과 악은 섞일 수 있는가?
　그렇다. 절대 불가능하다!

　감독은 다른 의도 없이 이 둘의 독립에 대한 열정을 표현했을 뿐인데 영화의 매우 적은 비중을 굳이 꺼내서 "대중영화 흠잡기 아니냐?"라고 반문할지도 모르겠다.
　그러나 반일이라는 감정 몰이를 하는 일부 정치인들의 발언을 분별하고 공산주의 세력과 하나가 되려는 일부 시민단체들의 선동에 미혹되지 않으려면 반드시 알아야 할 부분임을 강조하고 싶다.
　이미 많은 한국 국민은 북한과의 연합, 그리고 전쟁 없는 평화에 대해 아무런 위화감 없이 받아들이는 것 같다. 일부 정치인들은 북한과의 평화 통일을 외치고 있음에도 국민들은 아무런 반응이 없다.

이 책에서 정치적인 논평을 하려는 것이 아니다. 다만 북한을 어떻게 바라보아야 하는지, 왜 대북 정책에 대해 예민하게 반응하고 지적해야 하는지에 대해 나누고자 한다.

소련의 정치적 목적에 이용된 북한의 김일성은 소련 군부의 도움을 받아 북한의 최고 지도자가 된다. 1950년 6월 25일 김일성은 남침하여 한반도 전체를 장악하려 했지만, 실패하고 한반도의 북쪽에서 국가를 건국한다. 김일성은 마르크스와 레닌으로부터 이념의 영향을 받았지만 공산국가의 권력을 잡기 위해 필요했던 수단일 뿐이었다.

권력 기반을 갖춘 이후로는 소련의 사상을 갖다버리고 권력을 지켜줄 사회주의의 일부만을 가져와 주체사상으로 통치한다(다른 말로 하면 '김일성 사상'이라고 표현할 수 있다).

북한이 겉으로는 인민 공화국을 표방했지만, 지금까지 김일성, 김정일, 김정은 3대에 걸쳐 정권을 세습해 온 일종의 김씨 왕조와 다를 바 없는 한마디로 '독재 국가'이다.

반면, 남한은 이승만이 대한민국임시정부의 초대 대통령을 역임했으며, 미국에서 유학 시절 서재필 박사와 광복을 위한 독립운동을 전개한 인물이다. 광복 후에는 미국과 소련의 신탁통치를 철저히 반대했으며, 대한민국 제1대 건국 대통령이 되고 나서는 한미상호방위조약을 통해 동맹관계를 유지하는 전략적인 정책을 추진했다.

영화 〈암살〉에서 다루고 있는 김구는 임시정부 시절 국회에서 간선제로 진행된 대통령 선거에서 대한민국 국회의장이었던 이승만에게 패했다. 만약, 김구가 선거에서 이겨 대통령이 되었다면 지금의 대한민국은 있을 수 없었다.

남한과 북한은 민족에게는 씻을 수 없는 전쟁이라는 동일한 아픔과 상처가 있다. 1953년 7월 27일 정전협정을 시작으로 두 체제와 다른 정부가 각각 출발했다.

2023년인 지금 두 국가는 세계에서 가장 잘 사는 나라 중 하나가 된 반면, 한 국가는 가장 가난한 나라가 되었다. 지금 북한의 상태는 세계 최빈국을 벗어나 자체 성장의 여지는 없어 보인다. 한민족인 남한과 북한이 다시 하나될 수 있는 방법은 두 정권 중 하나는 무너져야만 가능하다. 북한 정권이 무너져서 남한이 흡수 통일을 하든지, 남한 정권이 무너져서 북한이 무력으로 흡수하는 통일을 하든지 두 가지의 선택지 외에는 없다.

다시 말해, 남한과 북한의 평화 통일은 절대 불가능하며, 있을 수 없다는 말이다. 물과 기름이 섞일 수 없듯이 자유민주주의와 공산주의는 섞일 수 없다. 물을 빼든지, 기름을 빼든지 해야 한다.

조금 더 나아가 생각해 보자. 한국의 K-Culture, K-Pop, K-Food, K-Sports 산업이 전 세계에서 인정받고 있고, 삼성의 스마트폰뿐만 아니라 LG의 TV, 냉장고 등 가전제품이 전 세계에서 주목받고 있다.

한국은 이미 선진국의 반열에 올랐고, G7 정상회담에 참여할 만큼 경제적으로 잘 사는 국가가 되었다. 방법은 다양하겠지만, 북한의 김정은 정권이 무너진다면 통일 대한민국은 G7에서 그치지 않고 일본과 중국을 뛰어넘는 국가로 우뚝 설 가능성이 충분히 있다.

그렇지 않은가?

독일의 사례를 봐도 마찬가지다. 서독과 동독이 분단되었던 과거가 있었다. 서베를린과 서독은 미국, 영국, 프랑스 연합국이 통치했고, 동베를린과 동독은 소련이 통치했다. 그런데 동베를린과 동독이 해체됨으로써 통일된 것이다. 법적으로도 동독이 서독에 통합되는 것이 아닌 동독의 모든 체제와 시스템이 무너지고 붕괴하면서 동독을 구성하고 있는 다섯 개의 주가 서독에 가입하는 방식으로 통합이 된 것이다.

이화영 박사의 "독일, 베트남, 예멘의 통일 사례로 배우는 교훈"이라는 칼럼에서도 같은 주장을 하고 있었다.

> 제2차 세계대전 후 동서 냉전 체제하에서 분단, 대립해 오던 독일, 베트남, 예멘 3개 국가가 통일을 성취했습니다. 이들 국가의 국내외적 상황과 통일 방식은 서로 달랐지만, 베트남은 1975년, 독일은 1990년, 예멘은 1994년에 각각 통일을 이뤘습니다.
>
> 독일은 공산주의 체제인 동독이 자발적으로 자본주의 체제인 서독에 편입된 '평화적 통일'이고, 베트남은 공산주의 체제인 북베트남이 자본주의 체제인 남베트남을 '무력으로 통일한 사례'입니다.
>
> 그리고 북예멘은 자본주의 체제이고, 남예멘은 공산주의 체제이므로 서로 '합의통일'을 했으나, 지배 세력 간의 권력 다툼과 이념 갈등, 경제적 이해관계로 사회 통합에 실패하고, 자본주의 체제인 북예멘 세력에 의

해 무력으로 재통합한 사례입니다.

예멘 사례에서 보듯이, 합의에 의한 통일은 이상론이고 현실은 자본주의로 통일이냐 공산주의로 통일이냐 두 가지 길에서 선택할 수밖에 없습니다.

북한이 원하는 통일 모델은 베트남 모델이고 남한이 원하는 모델은 독일 모델입니다. 북한은 무력에 의한 흡수 통일을 원하고 있기에 진정으로 평화적인 민족 통일을 원한다면 북한 정권의 실체를 분명하게 인식해서 북한 정권이 붕괴되기를 바라야 할 것입니다. 북한 인민의 입장에서도 북한 정권이 붕괴되어야 북한 인민이 빈곤과 압제에서 벗어날 수 있습니다.

진보세력이 보다 더 현실을 직시해서 이념보다 북한 인민들의 빈곤과 압제를 생각한다면 북한 정권이 의도하는 통일 전략에 휘둘리지 말아야 합니다.

한국사 교과서에서 북한 남침을 빼는 것과 자유민주주의에서 자유를 빼는 행위는 우리에게 정신적 혼란을 야기해서 우리의 정신적 결속력을 약화시키는 행위로 결과적으로 북한 정권을 이롭게 하는 행위라고 생각됩니다.

    대한민국도 이제 자유민주주의 흡수 통일을 통해 복음으로 하나가 되어야 할 날이 머지 않았다. 북한 정권은 내부의 분열로 인한 자체 붕괴가 되거나 북한의 장마당을 중심으로 자유시장경제가 활성화 된다면 정권이 무너질 것이다. 또는 신의 개입으로 김정은이 죽거나 암살당해 통치 권력이 없어질 때 통일은 가능하다. 최악의 상황은 전쟁이다.

북한 전문가에 따르면 현재 김정은의 권력 구조가 안정화 되어 내부 분열이 생기거나 북한 주민의 민주화 투쟁이 일어날 확률은 없다고 한다.

그렇다면, 하나님이 개입하심으로 자유민주주의 복음 통일을 이루어 주시거나 미중 전쟁의 소용돌이 속에 한반도 남북 전쟁이 다시 한 번 발발할 가능성 역시 적지 않다고 한다.

뜬금없이 왜 말도 안되는 전쟁 이야기를 꺼내는지 반문이 드는가?

현재의 국제정세의 흐름을 보면 미중 전쟁을 배제할 수 없기 때문이다. 북한과 같은 공산주의 국가 중국도 현재 미국과 패권을 놓고 신냉전주의가 도래했다. 미국의 중앙은행 연방준비제도(Fed)의 연이은 기준 금리 인상으로 달러 환율이 상승하여 중국의 경제가 매우 어려워질 수밖에 없다.

그뿐만 아니라 미국은 중국에서 제조하고 있는 공장을 현지 인건비 상승이라는 이유로 본국으로 회귀(Re-Shoring) 시키는 정책을 펼치고 있다. 그럼으로 인해서 중국의 경제는 더욱 어려워질 것이다. 이미 삼성도 몇년 전에 갤럭시폰의 공장을 이미 베트남에 옮긴 것처럼 앞으로도 많은 제조 공장이 제3국으로 옮겨갈 것이다.

실제로 중국 경제가 무너지고 있다. 중국의 부동산이 폭락하고 중국의 부동산 대표 기업인 <헝다>가 파산했다. 국가 경제가 붕괴하고 있다는 소식이 들려오고 있다. 이때 중국의 국가 주석인 시진핑은 갈라진 민심을 모으기 위해 국뽕 전략을 세울 확률이 높다.

다시 말해, 중국 공산당은 미국이 대만을 자신의 영토로 인정하지 않는다라는 반미 여론을 형성시켜 전쟁을 일으킬 계획이 있다는 것이다. 그렇다면, 전쟁이 발생하는 것은 시간문제 아닌가.

다시 영화의 주제로 돌아와보자.

우리 안에 자연스럽게 받아들여지고 있는 평화 통일의 길은 얼마나 비현실적이고 불가능한 일인지를 깨닫길 바란다. 인간의 계획이나 예측이 아닌 온 세계의 주권자이자 통치자인 하나님의 섭리와 경륜대로 남북한의 통일은 진행될 것이다.

김구와 김원봉이 함께 손을 잡고 친일파를 청산하고자 하는 발상 속에 남북이 평화 통일을 이뤄야 한다는 감독의 열망이 반영되어 있다. 분별하지 않으면 우리의 무의식 속에 '친일파를 척결하는 일이라면 자유민주주의와 주체사상이 하나가 될 수 있어!'라는 주장이 받아들여질

수 있음을 경계해야 한다.

다시 한번 말하지만, "영화를 영화로 봐야지 이렇게까지 비판적 시각으로 봐야만 하느냐"라는 질문에 당당하게 대답해야 하는 이유는 결코 타협할 수 없기 때문이다.

마지막으로 첨언하고 싶은 바는 척결해야 할 정확한 대상은 독재 정권을 말하는 것이지 북한 주민을 말하는 것이 아니다. 북한 대중은 김일성 일가의 주체사상에 교육받은 피해자이며, 긍휼히 여겨야 할 대상이다. "북한에서 태어났다"라는 이유로 진정한 자유에 대해 알 방법도, 최소한의 인권도 없는 우리의 동포이다.

그렇기 때문에 대가 없이 자유를 누리고 살게 된 대한민국 국민은 특별한 사명이 있는 것이다. 종교의 자유도, 표현의 자유도 없이 인권에 대한 개념조차 모르고 살고 있는 그들이 적어도 복음을 들을 수 있도록 하나님의 은혜가 미치게 해달라고 기도해야 할 사명이 있는 것이다.

성경은 분명하게 말하고 있다.

> 사랑하는 자들아 영을 다 믿지 말고 오직 영들이 하나님께 속하였나 분별하라 많은 거짓 선지자가 세상에 나왔음이라 (요일 4:1).

우리는 거짓 평화에 미혹되지 않고, 하나님의 방식대로 복음 통일이 될 때까지 잠잠히 기다리면 된다.

아니, 오히려 하나님이 우리를 기다리고 계신다. 한국 교회가 먼저 준비될 수 있도록 기다리고 계신다. 지역 간의 갈등, 남녀 간의 갈등, 세대 간의 갈등이 첨예한 이 시대에 하나님은 통일이 되었을 때, "자유도, 인권도 없이 평생을 살아온 북한 사람들을 품을 수 있겠느냐"고 물으신다.

이제부터라도 탈북민들에게 관심을 가지고 조금은 다른 그들을 포용하고 사랑할 수 있도록 준비하는 건 어떨까?

그래야 하나님께서 통일의 문을 열지 않으실까?

제 6 장
기업을 사회악으로 치부해버리는 〈베테랑〉

1. 재벌은 정말 추악하다?(니들 정말 나쁜 새끼다!)

〈베테랑〉의 류승완 감독은 사회를 깨끗하고 정의롭게 만들고 싶은 정의감과 대중의 결핍이 제대로 일치했다. 천삼백만 명 이상의 관객이 영화를 보고 대만족을 했다는 사실을 믿고 싶지 않았다. 어쩌면 국민 대부분이 재벌에 대한 부정적인 인식을 가지고 있다는 반증이기 때문이다.

돈이 많은 만큼 죄가 많고 악하다는 공식을 증명했다고나 할까?

실제로 재벌은 현행할 수 있는 수많은 범죄를 다 뒤집어써야 할 만큼 악한 짓을 많이 하는걸까?

영화 〈베테랑〉은 자본주의의 대표되는 산물인 외제차 매매시장에서 밀매하는 범죄자들을 때려잡는 장면으로부터 시작된다.

좀 공격적이고 막무가내이기는 하지만 정의로운 형사 '서도철'(황정민)은 우리 사회에 꼭 있었으면 하는 매력적인 캐릭터이다. 정작 자신의 가정은 뒷전이고, 전세 대출 이자를 갚기에도 버거운 형편이다. 이 현실에 전혀 개의치 않는 형사 '서도철'은 되려 빚에 허덕이며 집 없는 처지가 자랑스럽고 당당하기까지 하다.

끼니도 제때 때우지 못하는 화물 운송 노동자 '배기사'(정웅인)는 "민주노총화물연대본부에 가입했다"라는 이유로 계약 해지 통보를 받는다. 불려 온 관리소장에게 피 터지게 맞으면서도 방어 밖에 할 줄 모르는 착한 이미지에 모두의 동정심을 유발한다.

여기에 감정 유발 치트키인 아이를 등장시킨다. 깨어진 가정으로 어린 아들은 트럭 운전을 하는 아빠를 따라다니다가 모든 상황을 목격하게 한다. 한 아버지의 수치감까지 관객에게 전가함으로 선악의 이분법적 편가르기는 성공한다.

본격적인 사건의 발단은 신진그룹 재벌 3세 '조태오'(유아인)가 본사 앞에서 1인 시위를 하는 '배 기사'를 목격하면서 시작된다.

'조태오'는 아버지의 둘째 아내의 아들로서 배다른 형제와의 치열한 경쟁과 서로의 이익 다툼으로 인해 성격이 심상치 않다. 분노조절장애가 있으며 심리적으로 매우 불안하다. 공허한 마음을 마약으로 채우고, 내재해 있는 폭력성은 누군가를 후두려 패는 것으로 표출한다.

특히, 여자를 대하는 태도가 매우 권위적이며 가부장적이다. 여성을 섹스의 대상으로 여기며, 그 이상도 그 이하도 아니다. 임신한 여자에게 일말의 거리낌도 없이 마약 주사를 놓는 행태가 인간이 맞나 싶을 정도로 잔인하다.

누구도 침범할 수 없는 '조태오'의 급발진을 일시적으로 막을 사람은 유일하게 돈을 가진 아버지 '조 회장' 한 사람뿐이다. 폭군 같은 재벌도 돈 앞에서는 꼼짝 못한다. 심지어는 신진그룹 회장이 참석하는 중역회의에 들어갈 때는 화장실 가는 자유도 없는 분위기이다. 그런 이들에게 기저귀까지 차게 한 류승완 감독은 재벌을 바라보는 시선이 얼마나 하찮게 여기는지 알 수 있는 대목이다.

돈이 없지, 가오가 없냐?

돈도, 승진도, 가족도 뒷전이고, 오직 '사회 정의'라는 이름으로 사회악을 제거하고자 목숨을 건 형사 '서도철'은 우연히 드라마 뒷풀이 회식에 갔다가 '조태오'를 영접한다. 형사의 직감으로 '조태오'의 범죄성을 느끼고 '조태오'가 수갑을 차는 순간까지 물불 가리지 않고 수사에 몰입한다.

류승완 감독은 노동자를 기계처럼 부려 먹는 자본가의 잔혹성을 캐릭터를 통해 묘사했다. 재벌이 얼마나 악한 존재인지, 그리고 통쾌하게 복수함으로써 대중의 카타르시스를 유발시켰다.

그 복수의 과정에서 최고의 카타르시스를 이끌어내기 위해서 '조태오'의 범죄 수위를 높이고, 최 상무와 직원들을 희생시킨다. 영화의 말미에는 수많은 시민이 '조태오'의 범죄 장면을 휴대폰으로 촬영하고 있었던 것을 기억하실 것이다. 재벌의 만행을 많은 사람이 목격했고, 특히나 SNS를 잘 사용하는 젊은 시민들이 그 주체가 되었다. 극 중에서도 사회 여론을 형성시켰고, 현실에서도 대중의 인식을 많이 바꾸어 놓았다. 돈 많은 재벌을 대상으로 분노하게끔 대중을 '가스라이팅'하는데 성공한다. 그러고는 이렇게 말한다.

우리가 돈이 없지, 가오가 없냐?

아무래도 재벌은 돈이 많으니까 죄에 노출될 가능성이 높은 것은 사실이다. 오히려 사회에 많은 영향을 끼치는 존재다 보니 범죄에 더욱 민감해야 하는 것도 사실이다.

'조태오'는 마약, 성매매, 폭행 미수, 살인뿐만 아니라 음주, 과속, 공무집행방해 등 현행 범죄들은 다 저지른 셈이다. 재벌이든, 재벌 할아버지든 간에 국가법의 통치를 받은 국민으로서 악한 행위에 대한 처벌은 합당하게 받아야 마땅하다.

물론, 성경의 요한계시록 18장에서는 예수님 다시 오시기 직전인 마지막 때에는 '땅의 상고', 즉 재벌들이 적그리스도 세력과 함께 불법적으로 막대한 재산을 모을 것이라고 예언하고 있다. 실제로 미국의 거대 기업의 재벌들은 이미 정치인들과 결탁하고 있다. 익히 잘 아는 애플, 구글과 같은 IT기업들과 금융을 장악한 기업들, 그리고 세계적인 수준의 뇌과학 기술을 가지고 있는 팀들이 법의 테두리 안에 있는 듯 보인다.

그러나 성경의 예언대로라면 거대 기업의 재벌들은 국가 권력을 넘어서 은밀한 방법으로 '글로벌 통제 시스템'을 구축하여 인류를 장악할 가능성도 충분히 있다. 이 가능성은 유튜브에서 '음모론'이라는 제목으로 자주 등장한다. 인간은 아담의 원죄로부터 대물림되어 온 본질상 진노의 자녀이다. 그렇기 때문에, 반드시 법치와 체제의 테두리 안에 있어야 하며, 국가 권력을 넘어서는 순간 이 세상의 종말이 임박했다는 증거가 될 것이다.

다시 한번 말하지만, 영화를 비하하거나 폄훼하기 위한 것이 아니다. 합법적인 테두리 안에서 사유재산을 축적할 수 있는 권리가 보장되어야 자유민주주의와 자본주의의 체제가 유지될 수 있다. 무조건적으로 재벌은 악이고, 경제적 약자와 빈곤층은 선이라는 이분법적인 사고를 경계하자는 것이 핵심이다.

2. 부르주아(Bourgeois)와 프롤레타리아(Proletariat)의 이분법적 구조

영화 〈베테랑〉에서 '서도철'의 대사를 통해 감독이 전달하고자 한 메시지는 분명하다.

'미안하다'는 한마디면 될 것을 왜 이렇게 일을 크게 벌이고 있지?
니들 정말 나쁜 새끼다.

류승완 감독은 영화를 통해 '자본에 의한 계급 갈등'에 대해 공론화하고 싶었던 것 같다. 또한, 이 메시지를 대중에게 설득하고 싶은 것이다.

자본주의 사회의 무한 경쟁으로 인한 피해자는, 결국 서민들이다.

그렇다 보니 자본가는 '악'이고, 노동자는 '선'이라는 선악의 이중적 구조로 만들게 된다. 고용주는 노동자가 조금만 심기를 건드리면 잘라버리고, 사람을 쓰고 버려도 되는 일종의 노예와 같은 존재로 여긴다.

그뿐인가!

폭행도 모자라 사람을 죽이고 투신 자살로 위장시키는 재벌의 잔혹성을 '조태오'라는 캐릭터를 통해 적나라하게 표현했다. 재벌이라는 존재 자체를 아주 이기적이고 잔인한 악마라는 프레임을 씌운다.

영화를 이해하기 위해서는 공산주의 세계관에 대한 이해가 필요하다. 유물론(materialism, 唯物論)에 근거한 공산주의자들은 부와 소유에 의한 계급 차이에 집중한다. 유물론에 근거했기 때문에 인간의 모든 발전은 진화를 통한 것이라고 이해한다. 진화의 과정에서 나타나는 것이 바로 계급 의식이다.

경제 발전이 급속하게 진행되면서 근대 자본주의 사회의 경쟁이 치열해졌다. 인간의 노동자인 프롤레타리아 계급은 자본가인 부르주아 계급이 사회의 경쟁을 부추기고 있다고 여긴다.

경쟁에서 도태된 피해자를 '나 몰라라' 하는 부르주아는 없어져야 '사람 사는 사회가 만들어진다'라고 생각한다. 그래서 프롤레타리아에게 부르주아는 투쟁의 대상이 된다.

헤겔의 변증법을 안다면 이해하기 쉽다. 서로 다른 정(부르주아)과 반(프롤레타리아)이 만나 부딪히면, 비로소 합(새로운 상태)이 만들어진다는 논리이다. 두 계급이 발전하기 위해서는 갈등과 대립이 필요하다고 믿는다. 피터지는 투쟁을 통해서만, 결국 사회는 진보할 것이라 믿는다. 자본가들은 소유를 지키기 위해, 노동자들은 빼앗기 위해 서로 목숨을 걸고 싸운다.

과연 입장 차이가 좁혀질 수 있을까?

공산주의 세계관이 갖고 있는 이분법적 프레임 몇 가지가 있다.

부르주아는 악하고, 가해자이며, 탐욕의 노예이며 프롤레타리아를 착취하는 존재이다. 반면에, 프롤레타리아는 근본적으로 선하고 순종적이기에 '피해자'이며, 부르주아가 만들어 놓은 사회 구조 속에서 늘 희생만 강요당하는 수동적인 태도를 가진, 한마디로 연민을 받아야 할 대상이다. 그래서 이러한 프롤레타리아는 반드시 악한 기득권자들을 소멸해야 하고, 기존의 모든 사회 구조로부터 구원과 해방이 필요하다고 여긴다.

그러나 노동자들이 주장하는 분배를 통한 평등이 얼마나 큰 부작용을 불러올지는 조금만 생각해 봐도 알 수 있다.

"잠도 제때 못 자고 열심히 일하는 사람이 있다"라고 치자.

땀 흘려 받은 수당을 권력에 의해 무상몰수 무상분배된다면 열심히 일하고 싶은 사람이 누가 있겠는가?

일하지 않는 사람이 복지라는 이유로 똑같이 받는다고 가정해 보자. 이것이 과연 평등이 맞는가?

경쟁에서 도태되는 사람을 잠정적인 피해자로 여기고 피해를 최소화하겠다는 명목으로 소유를 분배하자는 논리는 맞지 않는다.

어려운 자가 자립할 수 있도록 도와주고 기회의 평등을 마련해주는 것이 모두가 공평한 사회이다.

대한민국의 주류 영화 감독이 자본주의와 자유시장경제에 대해 올바른 이해도 없이 대중영화를 만들고 있다는 현실이 통탄스럽다. 자본주의를 오해하고 사회가 불평등한 이유를 재벌에게서 찾는 것은 어불성설이다.

공산주의자들이 말하는 경쟁 없는 유토피아는 적어도 반기업 정서로는 결코 만들 수 없다. 개개인이 각자가 맡은 영역에서 최선을 다할 때 기회도 주어질 것이고, 부자도 될 수 있는 것이다. 공산주의 세계관은 사유재산의 소유에 대한 것만이 아니라, 사회의 다양한 문화, 사회, 종교, 예술의 영역에까지 영향을 미치고 있다(앞에서 설명했던 문화막시즘이다).

관객의 대다수는 피지배자 계층인 노동자(근로자)에게 속할 것이다. 천삼백만 명 관객 중, 어쩌면 대다수의 관객이 노동자(근로자)에 해당할 텐데, 이 영화를 본 노동자(근로자)가 자본가, 기업가, 재벌, 자신의 고용주를 적대시한다고 상상해 보자.

영화관을 나오면서 아무런 감정이 없었던 자신이 재직 중인 기업의 회장님을 떠올렸을지도 모르겠다. 설령 직장의 대표님을 미워하는 마음이 뭉게뭉게 피어오르고 적개심까지 생겨났다면 마음으로 이미 살인한 것이다.

> 그 형제를 미워하는 자마다 살인하는 자니 살인하는 자마다 영생이 그 속에 거하지 아니하는 것을 너희가 아는 바라 (요일 3:15).

공산주의 세계관의 주창자 칼 마르크스는 "종교는 민중의 아편"이라는 표현을 한 적이 있다. 어쩌면 칼 마르크스에게 큰 영향을 미친 기독교를 두고 한 말인지도 모르겠다. 칼 마르크스와 같은 유물론자들은 영적인 세상이 있다는 것을 믿지 않는다. 아니 인정 조차 않는다. 모든 것이 물질로부터 시작된다고 믿기 때문이다.

하지만 성경에서는 인간은 영적인 존재라고 정의한다. 하나님께서 최초의 사람을 창조하실 때 생기를 불어넣으셨다. 하나님의 영이 사람에게 들어갔다. 그래서 하나님은 영으로 예배하는 자들을 찾으신다.

> 하나님은 영이시니 예배하는 자가 영과 진리로 예배할지니라(요 4:24).

> 여호와 하나님이 땅의 흙으로 사람을 지으시고 생기를 그 코에 불어넣으시니 사람이 생령이 되니라(창 2:7).

공산주의의 이분법 프레임에 미혹된다면 영적인 세계에서 어떤 변화가 일어날까. 공산주의의 영이 우리의 영혼을 건드린다. 하나님과의 관계에서 균열을 가게 만들고 심해지면 적대시한다. 마치 타락한 천사가 하나님을 대적하듯이 말이다. 믿음은 들음에서 난다. 반성경적 메시지를 미디어로 계속해서 접하게 되면 세상이 추구하는 가치를 추구하게 된다.

관객이 극장을 갈 때, 별생각 없이 몰입하면 감독이 말하는 메시지를 부지불식간에 공감하고 받아들이게 된다. 내가 그 메시지를 분별할 지식이 없으면 무의식적으로 감독의 세계관으로부터 나온 이분법 프레임을 그대로 받아들이게 된다.

같은 메시지가 하나둘씩 들어와 내재화되면 그것이 관념이 되고 신념이 되어 내 방식대로 생각하고 해석하게 된다. 마치 맹목적인 종교를 따르는 것처럼 말이다. 그러니 미혹에 넘어가지 않도록 늘 깨어 있어야 한다.

> 그러므로 믿음은 들음에서 나며 들음은 그리스도의 말씀으로 말미암았느니라 (롬 10:17).

> 내가 그리스도와 함께 십자가에 못 박혔나니 그런즉 이제는 내가 사는 것이 아니요 오직 내 안에 그리스도께서 사시는 것이라 이제 내가 육체 가운데 사는 것은 나를 사랑하사 나를 위하여 자기 자신을 버리신 하나님의 아들을 믿는 믿음 안에서 사는 것이라 (갈 2:20).

마찬가지로 이스라엘의 역사에서도 이분법 구조를 적용하여 맥락을 이해할 수 있다. 하나님 앞에 정렬된 이스라엘 백성이냐 아니면 하나님을 떠나 우상에게 절하는 이스라엘 백성이냐에 대한 이야기가 주를 이룬다.

3. 사회 시스템과 윗세대들의 문제?

결국은 사람이 사람을 어떻게 대해야 한다는 것을 말하고 싶었어요. 저는 '부는 악'이고 '가난은 선'이라는 생각은 하지 않아요.
부자라고 해서 다 나쁜 사람도 아니고, 가난한 사람이라고 해서 다 착한 사람은 아니잖아요?
부자와 빈자, 악과 선의 대결보다 인간 사이의 관계가 중요하다고 생각했어요. 사람 대 사람의 관계에서 서로의 자존감을 지켜주는 것이 필요하지 않나 하는 생각이고, 개인이 자기의 역할만 제대로 해줘도 세상은 지금보다 좋아질 것 같다고 믿어요. 각자 있는 자리에서 할 일을 미루고 부, 권력, 명예만 유지하려고 하다 보니 사고, 재난이 생기는 것 아닌가 싶어요.
서론이 길었는데, 결국 자신이 무엇을 하고 있는지를 자각하고 그 자리에서 묵묵하게 일하는 베테랑들의 이야기를 담고 싶었어요. 마지막 명동에서 '서도철'(황정민 분)과 '조태오'(유아인 분)가 싸우는 장면에서도, 시민들이 돕지 않고 카메라 들고 사진만 찍고 있다고 생각할 수도 있지만, 사실 시민들은 그들의 역할을 다하고 있었던 거죠.
객관적으로 볼 때, 악당인 '조태오'가 도망갈 수 없도록 인간 장벽을 치고 있었으니까요. 감시자와 증인의 역할을 하고 있었던 거고, 결국 그렇게 '조태오'가 붙잡혔고요.

〈베테랑〉의 류승완 감독이 인터넷신문사 「허프포스트코리아」에서 한 언론 인터뷰 일부 내용이다. 류승완 감독은 "부, 권력, 명예만을 유지하려고 하는 사람들로 인해서 사회에 사고와 재난이 생긴다'고 말했다. 그러면서 "각자의 자리에서 할 일을 미루어서 재난이 생기는 것 같다"는 말을 이었다.

이 인터뷰를 한 2015년 8월, 한국의 재난이라고 하는 것이 세월호 사건을 말하는 것임을 충분히 유추해 볼 수 있다. 당시 박근혜 전 대통령이 세월호 사건이 발생했을 때 아무 조치도 취하지 않아서 '단원고 학생들을 죽도록 방치한 것' 이라는 프레임으로 몰아갔었던 그 사건 말이다. 또한, 류 감독은 마지막 장면에서 시민들이 촬영하고 있는 장면을 연출함으로서 '시민들이 다 보고 있으니 박근혜 전 대통령은 피하지 말고 책임지고 대통령직을 사퇴하라'는 의미를 내포했음을 짐작해 볼 수 있다.

> 미안하다는 한마디면 될 것을 왜 이렇게 일을 크게 벌리고 있지? 니들 정말 나쁜 새끼다.

이 '서도철'의 대사가 류 감독이 박 대통령에게 하고 싶었던 말은 아니었을까?

> '사회 시스템'이라는, 형태가 안 보이는 거대한 주체보다 눈앞에 현존하는 악당을 설정해서 조금 더 명쾌하게 보여주고 싶었죠.

그렇지만 여전히 조태오라는 악당 개인의 문제는 아니라고 생각해요. 그 사람이 그 어느 것에 대해서도 책임을 지지 않도록 내버려 둔 사회의 문제죠. 그런 사회를 만들어 온 윗세대들의 문제이고요. '조태오'는 단지 상징적인 인물일 뿐이고요. 10-20대들이 현실에 좌절하고 많은 걸 포기하고 있지만, 영화를 보고 그래도 아직 희망은 있다는 생각을 했으면 좋겠어요. 다음세대들과도 소통하고 싶었던 제 첫 번째 영화에요.

공산주의자는 모든 사회 문제의 원인을 시스템에 있다고 여긴다고 앞에서 설명했다. 그렇기 때문에 올바른 사회는 구조의 개선을 통해서만 발전할 수 있다고 믿는다.

류승완 감독은 재벌의 악한 세습과 개인의 부도덕성을 알고도 넘어간 기성세대의 문제였다고 말한다. '조태오'는 단지 상징적인 인물이며, 많은 재벌이 그렇다고 말하고 싶은 것이다.

이 시대 속에 힘겹게 살아가는 MZ세대들이 자본주의 사회라는 극심한 경쟁 구도로 인해 현실에 좌절하고 포기한다고 말했다. 10-20대

의 청년들을 위하는 척하지만 감정 몰이를 통해 자본주의에 대한 회의적 감정을 드러냈다. 궁극적으로는 사회 시스템을 전복시키고픈 야망이 있으며, 그 야망을 간접적으로 드러낸 대목이다.

감독은 자신의 이념과 이데올로기를 직접적으로 밝히지 않았다. 다만 자신의 세계관을 바탕으로 계급 구조를 짜놓고 인간의 도덕적 차원에서 선과 악을 나누었다. 그리고 만연한 사회의 문제라는 식으로 관객을 설득하고 있다. 이 내용을 인터뷰와 영화 속 인물의 대사를 통해서 충분히 살펴보았다.

혹시, 영화의 메시지가 나의 감정의 동요나 지식의 차원에 영향을 받은 적이 있는가?

그러므로 콘텐츠를 접하기 전에 우리의 세계관을 유일신 하나님의 말씀에 정렬시켜야 한다.

미디어의 내용이 우리의 영혼에 해롭다는 이유로 멀리하고 세상과 분리되려고 한다면 예수님의 가르침을 거역하는 것이라는 것을 명심하자!

예수님은 "너희는 세상의 빛이라 산 위에 있는 동네가 숨기우지 못할 것이다"(마 5:14)라고 하셨기 때문이다. 미디어 콘텐츠가 홍수처럼 쏟아져 나오는 지금 이 시간에도 재벌이나 권력을 사회악으로만 몰아가거나 가부장적 권위주의를 해체해야 한다는 주장이 난무하고 있다.

앞으로 이 같은 콘텐츠를 접하게 된다면, 말씀에 근거하여 재해석하는 것이 시대를 분별하는 이 시대 진정한 크리스천 리더인 것이다.

제 7 장
이승과 저승을 오가는 〈신과 함께〉

　영화 〈신과 함께〉는 주호민 작가의 웹툰을 영화화한 작품이다. 세계적인 영화 〈해리포터〉 시리즈나 〈호빗〉 시리즈, 〈반지의 제왕〉 시리즈와 같은 장르로서 한국 대표 판타지 영화이다.

　한국 영화 산업에서 역대급 블록버스터 영화로 기록되고 있으며 1, 2편을 합쳐서 400억가량의 제작비가 들어갔다. 영화 전반적으로 CG(Computer Graphics) 기술이 집약적으로 많이 사용된 영화로서 '시리즈물'이다.

　물론, 전 세계 관객을 대상으로 제작하는 미국 할리우드 블록버스터 영화는 순제작비만 천억 이상이 넘는 거대 자본이 투입된다. 그에 비해 〈신과 함께〉의 CG 기술이나 완성도, 스케일은 미국 할리우드 영화를 따라잡기에 갈 길이 멀다.

영화의 기술적 비평이나 서사적 측면에서 필자의 해석을 제시하기보다 감독이 영화를 통해 관객에게 전달한 메시지를 살펴보고 동양의 다양한 종교로부터 기인하는 세계관들과 성경적 세계관으로 무엇이 다른지에 대해 다루고자 한다.

영화 〈신과 함께〉 시리즈는 판타지 장르를 활용해서 현실에서 흔히 접할 수 있는 시, 공간적 배경이 아닌 불교적 사후세계를 중심으로 서술하고 있다. 시리즈 영화인 만큼 1편인 〈신과 함께: 죄와 벌〉과 2편인 〈신과 함께: 인과 연〉이 연결되고 있다. 전형적인 마블 시네마틱 유니버스의 시리즈물의 '유기체적 연결성'을 차용했다.

영화의 1편 〈신과 함께: 죄와 벌〉은 주로 저승에 집중한 일곱 가지 죄악의 지옥들을 묘사했으며, 2편 〈신과 함께: 인과 연〉은 저승과 이승, 그리고 저승사자와 저승차사들의 전사가 섞여 있다. 같은 장르 같은 흐름으로 캐릭터와 배우까지 동일하게 연결되고 있으므로 두 편을 묶어서 글을 전개해 나가도록 하겠다.

1. 한국의 토속신앙과 가족 드라마의 비빔밥

〈신과 함께〉는 불교적 용어와 토속신앙의 세계가 융합되어 판타지 영화라는 그릇 안에 담았다.

충청북도 단양군 구인사에 보관되어 있는 문화재 『불설수생경』(불경)의 다음과 같은 불교적 사후세계를 받아들여야만 이 영화를 즐길 수 있다.

> 사람이 죽어 망자가 되면 저승에서 49일에 걸쳐 일곱 번의 재판을 받는다. 저승의 일곱시왕, 곧 거짓, 나태, 불의, 배신, 폭력, 살인, 천륜의 모든 재판을 통과한 망자(亡者)만이 다음 생으로 환생한다.

귀인貴人이라함은
항상 남을 먼저 돕고 배려하는 정의로운 삶을 살았던 망자이거나,
자신도 이유를 알지 못하는 죽음을 당해
천수를 누리지 못한 억울한 망자를 일컫는다.

-염라대왕-

사람이 죽어 망자(亡者)가 되면
저승에서 사십구일에 걸쳐 일곱 번의 재판을 받게 된다.
저승의 일곱시왕은 거짓, 나태, 불의, 배신, 폭력, 살인, 천륜을 심판하며,
모든 재판을 통과한 망자만이 다음 생으로 환생한다.

-불설수생경[佛說壽生經]-

영화 〈곡성〉이 성경의 누가복음 24장의 말씀 구절로 시작하여 전적으로 무속신앙의 세계를 그린 것과는 다르게, 〈신과 함께〉는 한국의 전통적인 민속신앙을 근간으로 한 불교적 세계관의 영향을 강하게 받은 영화이다.

가족 드라마의 장르로 한국적 대중성을 더욱 가미한 것도 사실이다. 누가봐도 종교적인 사후세계를 다룬 〈신과 함께〉는 장르에 감춰진 채, 관객의 세계관에 침투하여 영향을 주고 있다.

〈신과 함께: 인과 연〉에서는 '귀인'을 이렇게 소개한다.

> '귀인'이라 함은 항상 남을 먼저 돕고 배려하는 정의로운 삶을 살았던 망자이거나 자신도 이유를 알지 못하는 죽음을 당해 천수를 누리지 못한 억울한 망자를 일컫는다.

영화의 모티브인 '귀인' 그리고 '저승'과 '이승'은 이미 한국인의 무의식 속에 자리잡고 있는 사후세계의 개념이다. 죽음을 한 번도 경험해보지 못한 대부분의 사람에게는 영화 감독의 판타지적 상상력 속에서 최초로 경험한 것이 흥미롭게 여겨질 수 있다는 점이다.

> 어어. 괜찮아. 괜찮아. 아저씨.
>
> 오늘 처음 죽어봐서 그래.

이는 아이를 구하다가 사망한 소방수 '김자홍'(차태현)을 저승의 경호를 담당하는 일직차사 '해원맥'(주지훈)이 처음 만나 하는 말이다.

어떤 종교를 막론하고 죽음 앞에는 숙연해지기 마련이다. 모든 사람은 이 땅에서 각자에게 주어진 시간의 끝나면 죽음을 맞이할 수밖에 없다. 인간은 의식하지 않더라도 무의식 중에 죽음을 두려워하고 있으며, 과학기술과 의학기술이 발달하여 많은 사람의 기대 수명이 늘어난다고 해도 사후의 세계에 대한 호기심을 갖는 현상은 예나 지금이나 다르지 않다.

"죽은 귀인이 49일 동안 일곱 개의 재판을 받은 후 환생을 한다"라는 영화적 설정도 마찬가지이다. 흔히 '사십구재'(49재)라고 불리는 장례 제도이다. 불교에서는 '중생'을 사후에 육신을 벗어나서 자신의 전생 업보를 심판받는 것으로 본다. 즉, 죽은 날부터 49일까지를 7일 단위로 자신의 미래를 결정하게 되는 것이다.

일곱 종류의 심판을 관장하는 '일곱시왕'은 불교의 문화로 알려져 있는 시왕(진광대왕, 초강대왕, 오관대왕, 염라대왕, 변성대왕, 태산대왕, 평등대왕,

도시대왕, 오도전륜대왕)에서 마지막 세 왕(평등대왕, 도시대왕, 오도전륜대왕)을 제외한 일곱 종류의 왕이 영화에 등장한다.

  흥미로운 것은, 이 영화의 소재가 불교 중심적으로 구성되어 있지만, 동양의 범신론 세계관이 혼재되어 있다는 것이다. 예를 들어, '염라대왕'(이정재)은 저승의 핵심적 역할이지만, 사실 불교 이전부터 인도에

존재하던 개념이 불교를 타고 동아시아에 전파된 것이다.

뿐만 아니라, '태산대왕'은 중국 도교에서 당나라 때 불교에 편입된 요소이고, '일직차사'와 '월직차사' 등은 사주팔자 및 한국의 무속신앙과 연관이 있다. 만해 한용운은 『조선불교유신론』에서 "시왕에 대한 사상이 불교 고유의 신앙이 될 수 없다"라고 강조하기도 했다.

자세한 종교철학에 대한 언급은 차치하고 다시 영화로 돌아가 보자.

또 한 가지 무속신앙의 요소가 깊이 배어있는 '원귀'의 존재이다.

원귀는 제명을 다하지 못하고 억울하게 죽거나 비명횡사하여 이승과 저승을 떠도는 인간의 혼을 뜻한다. 영화에서 소방수 '김자홍'(차태현)의 동생 '김수홍'(김동욱)은 군대 복역 중 관심병사 '원 일병'(도경수)에게 총을 맞는다. 이 사실을 알게 된 '박 중위'(이준혁)는 자신의 진급에 치명적 결함이 되지 않기 위해 '수홍'이 살아 있는 것을 알면서도 생매장하고는 "'수홍'이 탈영했다"라는 모함을 씌운다.

이렇게 억울하게 사망한 '수홍'은 원귀(冤鬼)로 탄생한다. 소위 말해, 억울하게 죽은 귀신이다. 이승에서는 '박 중위'와 '원 일병'을 따라다니

고, 저승에서는 '자홍'의 재판 변호 과정에 방해를 일삼는다.

무속신앙에서는 굿을 통해 해원을 하거나 무당의 인도를 받아 '저승에 갈 수 있다'라고 믿는 의식이 있다. 원귀들은 자신의 한을 풀기 위해 인간에게 도움을 청하기도 하고, 자신의 원한을 방해한 이에게 복수를 하기도 한다.

영화 〈신과 함께: 죄와 벌〉에서는 원귀가 된 '수홍'이 죄책감으로 자살을 결정한 '원 일병'의 마음을 고치며, 어릴 적 자신을 폭행하고 천륜을 어긴 형을 용서함으로써 형 대신 어머니에게 용서를 구하는 기회를 얻는다. 저승으로 온 '수홍'은 영화상에서 49번째 귀인이 된다. '수홍'은 형 '자홍'과 다르게 '귀인'의 두 번째 정의 '자신도 이유를 알지 못하는 죽임을 당해 천수를 누리지 못한 억울한 망자'이기 때문이다.

그렇게 '수홍'은 다음 편인 〈신과 함께: 인과 연〉의 주인공이 된다.

여기서 '업보'(Karma)와 '환생'이라는 말은 불교 용어이다. 행위의 결과로서 맺혀지는 열매를 뜻하며, 대게 한국에서는 인과응보(因果應報)라는 뜻으로 이해하며 흔히 사용되고 있다.

상용되는 용어만 봐도 불교적 윤리 의식과 내세관은 한국인에게 깊은 영향을 끼쳤다는 것을 알 수 있다. "인간은 선을 행해야 하는데, 그렇지 않으면 그에 합당한 결과를 거둘 것이다"라는 말은 한국의 보편적 도덕관을 나타낸다. 이와 더불어 "그에 합당한 결과를 이생에서 받지 못한다고 해도 다음 세상에서 더 낮은 단계의 존재로 환생함으로써 그 열매를 반드시 거둘 것이다"라는 관념이 많은 한국인에게 내재되어 있다. 불교 철학의 영향을 받아 불교적 세계관이 형성된 것이다.

성경적 세계관에서는 '환생'이라는 개념이 없다. 토속신앙에서의 이승과 저승에 대한 개념이 수평적 이동이라면, 성경에서 말하는 천국과 지옥은 하늘과 땅의 수직적인 이동을 말한다. 그리스도인들은 구원을 통해 죽음 이후의 삶은 지옥이 아닌 천국으로 인도함을 받는 것이 궁극적인 목표이다. '구원'은 오직 예수 그리스도를 믿는 믿음으로 얻을 수 있다.

특히, 신약성경은 무려 이백 번 이상 믿음으로 구원받는 것에 대하여 증거하고 있다. 사복음서(마태복음, 마가복음, 누가복음, 요한복음)에 나타난 예수님은 믿는 자들에게 기적을 베푸셨고, 구원을 확증하셨다.

사도 바울도 예수 그리스도를 믿는 믿음이, 곧 구원이라는 정통 교리를 통해 수많은 영혼을 살리는 일에 동참했다. 믿음은 결코 행위를 통해 얻어지는 것이 아니라고 강조했다. 하나님의 은혜(선물)는 믿기만 하면 자격 없는 자에게 주어지는 놀라운 사랑의 확증이라고 사도 바울은 당시 로마 교회 성도들에게 가르쳤다. 그러나 많은 그리스도인의 문제는 '예수를 실재라고 믿지 않기 때문'에 발생한다.

> 너희는 그 은혜에 의하여 믿음으로 말미암아 구원을 받았으니 이것은 너희에게서 난 것이 아니요 하나님의 선물이라 (엡 2:8).

『기독교 세계관과 현대사상』을 집필한 제임스 사이어(James W. Sire, 1933-2018) 박사는 동양 범신론의 업보에 대한 개념을 소설 『싯다르타』를 예시로 다음과 같이 설명하기도 했다.

> '업보'란, 고통이든 기쁨이든 왕이든 노예든 하루살이든 현재의 상태는 과거의 행동, 특히, 전생에서 행동한 결과라는 개념이다. 그래서 그것은 환생의 개념, 즉 모든 실재(모든 영혼)는 영원한 존재라는 일반 법칙에서 유출된 환생의 개념과 연결되어 있다.
> 유일자로 회귀하는 길을 찾는 데는 수억 세기가 걸릴지도 모른다. 그러나 거기에 도달하지 못할 영혼은 하나도 없다. 모든 영혼은 영원하다. 왜냐하면, 모든 영혼은 근본적으로 우주의 영혼이며 따라서 영원한 유일자이기 때문이다. 그러나 유일자로 회귀하는 과정 중에 그는 과거의 행동이 요구하는 여러 형태의 환생을 거치게 된다.

'업보'는 "뿌린 대로 거둔다"는 성경 구절의 동양판이다. 그러나 '업보'는 엄격한 필연성을 요구한다.

만일, 죄를 지었다면 그 빚을 탕감하거나 용서해 줄 신은 전혀 존재하지 않는다. 죄를 고백하는 것은 아무 소용이 없다. 죄는 보응되어야 하며 반드시 보응될 것이다. 물론, 인간은 미래의 행동을 선택할 수 있으며, '업보'가 결정론이나 숙명론을 의미하지는 않는다.

불교적 세계관과 무속신앙의 세계관이 섞여 버무려진 〈신과 함께〉는 어찌 보면 참으로 획기적으로 보인다. 불교의 문화는 시대를 거치면서 동양의 여러 종교와 혼재되어 내려왔기 때문이다. 진리라고 할 수 있는 종교적 기준이 없는 것도 사실이다.

한 스님은 언론의 칼럼을 통해 영화에 대한 자신의 견해를 드러내기도 했다. 불교의 사후세계를 다룬 이 영화에 대해 긍정적으로 평가하며, 동아시아의 다양한 사후세계적 요소가 혼재된 것에 대해 불교가 다른 종교와 전통문화를 부정하지 않고 함께 융화시켜 나간 것에 대한 자긍심을 표한 바 있다.

종교다원주의가 인정되고 있는 마지막 때에 스님의 말은 주목할 만하다. 종교다원주의의 가장 중심적이고 공통된 사상은 기독교 외에 다른 종교에도 구원이 있다는 사상이다.

1500여 년 전 역사를 봐도 그렇다. 예수를 믿으면 십자가형에 처해지는 로마 시대에는 목숨 걸고 예수를 믿었다.

삼도천

천고사막

> 사람이 마음으로 믿어 의에 이르고 입으로 시인하여 구원에 이르느니라 (롬 10:10).

이 말씀은 사도 바울이 로마 사회에서 순교를 각오로 믿음을 지키고 있는 그리스도인들에게 전한 복음이다.

그러나 비슷한 시기, 지금의 중동 지역인 페르시아 제국에서는 분위기가 어떠했나?

예수 믿는 것을 허용하고 받아주었다. 단, 남에게 복음을 전하거나 강요하면 안 된다는 조건 하에서 말이다. 즉, 전도가 불가능했다는 것이다.

1,500여 년이 지난 지금은 어떤가?

종교다원주의를 정치적으로 사용했던 페르시아 제국의 영향을 받은 중동 아랍(이슬람)이 그 열매이다. '다양성을 존중하면 평화적 연합이 가능할 것이다'라고 생각한 결과다. 그러나 평화는커녕, 극단적 이슬람주의자들과 IS세력(이슬람 국가)은 다른 민족을 상대로 끊임없이 전쟁과 테러를 일으키고 있다.

지금 이슬람의 잔혹성, 악의 세력에 대해 말하고 있는 것이 아니다. 십계명 중 첫 번째 계명 "너는 나 외에는 다른 신들을 네게 두지 말라"(출 20:3)고 하신 말씀을 오역하고, 하나님의 율법을 벗어났을 때는 반드시 그에 따른 심판을 초래한다는 점을 기억해야 할 것이다.

안타깝게도 기독교계 안에서 종교다원주의가 진행되고 있다는 사실을 아시는가?

한 예로 세계교회협의회(WCC)는 교회, 교파 간의 대립과 반목, 갈등을 해소하기 위해 모든 교회를 통일을 목표로 시작한 협의체이다. 즉, 복음주의 기독교인들이 그리스도 안에서 연합하고자 조직된 단체이지만, 예수 그리스도의 복음이 핵심이 아닌 가톨릭과도 대화가 필요하다는 주장이 WCC 안에서 나오고 있다. WCC의 입장에 대해 복음주의 기독교인들은 종교다원주의를 경계해야 한다.

이 부분에 대한 논지는 종교다원주의를 철저히 분별하여 미혹되지 말아야 한다는 점이지, 신학적으로 무엇이 옳고 그름을 논하는 것이 결코 아니다(특정 단체 WCC에 대해 언급하기 전 조심스러운 부분이 있다. 필자는 기독교의 종파나 교리, 신학을 전공하지 않았기에 WCC를 판단하거나 비판할 자격은 없다. 다만, 종교다원주의에 대해 경계해야 한다는 점을 강조하는 것이다).

성경은 우상숭배에 대해 분명히 말하고 있다. 성경에서의 '진리'는 오직 하나 삼위일체의 하나님만이 유일한 신이며, 다른 신을 섬기는 종교는 죄라고 명시하고 있다는 것이다. 길이요 진리요 생명이신 예수 그리스도를 말미암지 않고서는 결코 하나님께로 나아갈 수 없다는 것이 성경의 핵심 메시지이다.

하나님은 거룩하신 분이시기에 죄를 지은 인간이 직접 마주할 수 없지만, 하나님의 독생자 예수 그리스도께서 우리를 위하여 십자가를 지심으로 인류의 모든 죄를 사하시고, 하나님께로 나아갈 수 있는 유일한 해법을 제시한 것이다.

무엇보다도 성경에서 가장 중요한 가치는 바로 '사랑'이다. 고린도전서 13장 13절에서는 "그런즉 믿음, 소망, 사랑, 이 세 가지는 항상 있을 것인데 그 중의 제일은 사랑이라"고 말하면서 성경의 핵심 가치에 대해 강조한다.

하나님께서 독생자 예수를 십자가에 달리도록 하신 이유도 양자 삼으신 우리를 위한 '사랑'이고, 예수님께서 제자들에게 주셨던 새 계명도 "내가 너희를 사랑한 것 같이 너희도 서로 사랑하라"(요 13:34)이다.

그 어떤 종교에서도 신의 일방적인 사랑, 아가페 사랑을 느낄 수 없다. 우주 만물을 창조하시고 태초부터 한 사람 한 사람을 계획하시고 하나님의 형상대로 만든 우리를 자녀 삼으시기 위해 살아있는 아들 예수를 외면했고 버리셨다.

> 하나님이 세상을 이처럼 사랑하사 독생자를 주셨으니 이는 그를 믿는 자마다 멸망하지 않고 영생을 얻게 하려 하심이라 (요 3:16).

2. 오랜 시간 인간들의 곁을 지켜온 가택신

〈신과 함께: 인과 연〉에서는 〈신과 함께: 죄와 벌〉에서와 다르게 '성주신'(마동석)을 통해 차사들의 전사에 집중한다.

〈신과 함께: 인과 연〉에서 '덕춘'이 말한 대사를 기억하는가?

　　부러워요, 김자홍 씨.
　　우리는 기억이 없거든요.

'염라대왕'(이정재)이 호출한 노인 '허춘삼'(남일우) 곁을 지키는 '성주신'이 메인 캐릭터(main character)로 등장하며, 일천여 년 전 '해원맥'(주지훈)과 '덕춘'(김향기)의 전사(前史)가 주된 서사로 전개된다.

한국 문화에서 가택신은 '성주신'이 주인공으로 등장할 만큼 민간 신앙에서 깊은 뿌리를 내리고 있음을 알 수 있다. 가택신 또는 성주신이라는 용어를 들어본 관객은 많이 없겠으나, 집안을 지키는 길흉화복(吉凶禍福)을 관장하는 존재로서 한국인들의 행동 양식에 영향을 미치고 있는 신(神)이라 보면 되겠다.

국어사전은 가택신을 이렇게 정의한다.

　　집을 지키며 집안의 운수를 좌우하는 신.
　　성주신, 터주신, 조상신, 삼신, 조왕신, 문신, 업신, 측신 따위가 있다.

즉, 성주신은 가택신의 여러 종류 중 하나이며, 가장 두드러지게 나타난다고 한다. 영화에 등장하는 '성주신'에게 주어진 임무는 염라대왕이 찾고 있는 '허춘삼'이라는 노인을 지키는 것이다. 왜냐하면, 노인이 죽으면 그의 손자 '현동'(정지훈)의 양육을 책임질 사람이 없기 때문에 '성주신'은 노인 '허춘삼'을 보호해야 하는 것이다.

'성주신'은 장독대와 일체가 되며, 장독대의 상태에 따라 신의 존엄이 결정된다는 영화적 설정을 기준으로 영화를 끌고 나간다. 스토리 상 '허춘삼' 노인의 집에 철거반이 들이닥쳐 집 안의 기물들을 다 때려 부순다. 결국, 영화의 설정대로 '성주신'을 모시는 성주 단지가 깨져버림으로 '성주신'의 존재는 사라져 버린다.

「장독대와 같은 사물에 깃든 신: 사물화 욕망에 잠식된 신앙」(연세대학교 연합신학대학원 박욱주 교수)이라는 제목의 신학적 비평 칼럼을 「크리스천투데이」에서 발췌했다.

기독교 신앙은 하나님을, 그분의 신성을, 그분이 내려주시는 은혜와 복을 사물화하려는 인간의 욕망을 배격한다. 하나님을 사물화하는 것은 인간이 하나님을 임의대로 이용하고 다룰 수 있다고 여기는 증거이기 때문이다.

애석하게도 한국의 전통문화에는 신적인 것, 초월적인 것을 사물화하려는 본능이 깊게 각인되어 있다. 〈신과 함께〉에서 묘사된 가택신앙은 이런 사물화 본능의 결정적 증거 가운데 하나다.

전통적인 가택신앙은 신을 성주단지(성주신을 모시는 단지로서 곡식을 갈아넣음), 신주단지(조상신의 위패를 보관하는 단지), 조왕중발(조왕신의 신체를 모시는 작은 물단지) 등의 형상으로 사물화하는데, 이런 상징물들은 모두 현세적인 복, 즉 가정의 평안과 재산의 증식과 무병장수의 염원을 담고 있다.

영화 〈신과 함께: 인과 연〉은 친근감과 책임감, 그리고 우직함을 느끼게 해주는 배우 마동석의 이미지로 신을 사물화, 형상화한다. 그리고 한국의 관객들 대부분은 기독교인이든 아니든, 이렇게 사물화된 신의 이미지에 별 거부감을 느끼지 않는다. 애초 우리 한국인들이 향유해 온 문화가, 삶의 정황이 그러했기 때문이다.

이처럼 초월자인 신을 사물화, 물상화하려는 본능은 한국인이 기독교인이 되려 할 때나 혹은 기독교인 된 이후에도 신앙 성장에 상당한 장애 요소로 작용한다. 적어도 이런 측면에서는 서구 문화가 기독교적인 삶에 더 유리하다.

기독교 문화를 바탕으로 삼는 서구 문화는, 비록 현대에 들어와 실존철학과 포스트모더니즘의 영향으로 육체적이고 현실적인 삶에 의미와 가치를 두는 경향을 보이지만, 적어도 근대까지는 현세보다 내세, 현재보다 미래, 현실보다 이상을 앞세우는 데 주력했다.

대표적인 예로 칸트의 도덕신학을 들 수 있다. 그가 비록 성서의 절대적 권위를 해체하는 데 앞장선 인물인 것은 사실이지만, 적어도 사물화 욕망에 대해서는 철저히 반대하는 입장을 고수했다. 책 『실천이성비판』에서, 그는 인간이 감각으로 향유할 수 있는 대상에 의존하는 한 참된 윤리, 참된 신앙은 좌절될 수밖에 없다고 가르쳤다.

이런 정신은 한국인들에게, 그리고 한국 기독교인들에게 절실하게 요청되는 것이다. 한국인들이 태생적으로 서양인들보다 더 탐욕스럽고 이기적이라는 것은 아니다. 서양인이라 해도 신앙과 무관한 삶을 사는 이들은 얼마든지 추악하고 탐욕스러운 심성을 가질 수 있다.

그러나 우리 한국인들이 자라오면서 접하는 문화, 한국인들에게 자연스레 주입되는 문화는 특별히 하나님 앞에서 우리의 탐욕을 증폭시키는 데 일조한다. 하나님 앞에서는 탐욕에 사로잡혀 복을 구걸하는 심성 이전에 자기 죄로 인해 절망할 줄 아는 심령을 갖추어야 한다. 적어도 이것에 관해서는 키에르케고르의 가르침이 옳았다고 할 수 있다.

한국의 전통적 가택신앙을 다루는 영화 〈신과 함께: 인과 연〉은 한국인의 종교문화, 한국인의 종교성에 대한 하나의 진단서나 다름없다. 이 영화는 우리 한국의 전통문화에 깊숙이 배태된 사물화 욕망, 기복적 성향을 반성하고 되짚어 볼 기회를 선사한다는 점에서 기독교인들에게도 일정한 의미를 가진 작품이라 할 수 있다.

오늘날 우리 주변에는 가택신앙의 잔재가 거의 남아있지 않다. 인구 대다수가 도시생활을 영위하는 작금의 현실에서 가택신앙은 더 이상 우리에게 절실한 것으로 다가오지 않는다. 그러나 전통적인 가택신앙의 근본동기로 작용하던 초월자에 대한 사물화 욕망은 그 양태를 달리할 뿐 결코 사라지지 않았다. 한국 기독교인들 사이에서는 이 비틀린 종교적 욕망이 다양한 기복신앙의 양태로 구현되고 있다.

이런 의미에서 이 작품을 신앙 성찰의 작은 기회로 삼아보는 것도 나쁘지는 않을 것이다.

박욱주 교수의 칼럼은 다양한 종교 철학과 신학에 대한 관점을 한 작품 속에 적용하는 평론가로 유명하다. 박욱주 교수의 말처럼 〈신과 함께〉는 그리스도인에게 한국의 전통문화에 깊숙이 잠재된 사물화 욕망, 기복적 성향을 되짚어 볼 기회를 제공하는 영화이다.

한국은 역사적으로 다양한 종교에 영향을 받아온 것이 사실이다. 한국의 대표적인 토속신앙으로 샤머니즘, 토테미즘, 애니미즘이 있다. 박욱주 교수가 말한 사물화에 대한 개념은 애니미즘을 기반한 개념이라고 할 수 있다. 선사(先史) 시대부터 인간은 종교 활동을 해왔으며, 종교를 정치적으로 사용하기에도 좋은 수단이라는 것은 역사를 통해 알 수 있다.

아니나 다를까, 영화에서 일천여 년 전 고려 시대의 장수 이야기가 나와야 했던 이유도 가택신의 기원을 찾아 거슬러 올라갔기 때문이 아닐까.

웹툰 〈신과 함께〉 원작에서 불교적 세계관을 바탕으로 사후세계를 그린 것은 고려 시대의 국교였기 때문이라고 유추해 볼 수 있다. 조선 시대로 넘어오면서 주류 종교는 불교보다 유교(성리학)가 더 우세해진다. 유교의 배타적인 성격에도 지금까지 살아남은 불교나 무속신앙과 같은 전통 종교는 존폐의 위기를 견뎌 왔다.

일제의 지배를 받고 있던 식민 체제 속에서도 조선총독부의 민속문화 말살정책으로 인해 종교 탄압이 이루어졌다. 여러 전통 종교가 지금까지 살아남긴 했지만, 유교와 불교와 무속신앙 모두 정통적인 교리가 완전히 전승되지 못하고 혼탁하고도 애매한 종교로 남게 된 것이다. 분명한 것은, 이토록 어려운 여건 속에서 살아남은 종교들은 한국인의 내면 깊숙한 곳에 남아 있다는 것이다.

반면, 조선에 들어온 초기 선교사들의 희생으로 한국에 자리 잡은 기독교 문화가 지속된 지 겨우 백삼십여 년에 불과하다. 기독교는 여러 종교의 잔재들에 영향을 받을 수밖에 없는 문화적 환경에 처해 있다고도 할 수 있다.

조선 말기에 복음을 전하기 위해 들어온 토마스 선교사, 아펜젤러 선교사, 언더우드 선교사 등 수많은 선교사의 순교와 희생을 통해 현재 대한민국은 초강대국이 되었고, 한국 교회가 전 세계 미전도 종족을 선교하는 국가가 된 사실로 볼 때 하나님의 경륜에 그저 감사할 수밖에 없다.

웹툰 〈신과 함께〉에 대한 온라인상의 열렬한 반응, 그리고 영화 〈신과 함께: 죄와 벌〉에 대한 지대한 관심은 그리스도인들이 눈여겨보아야 할 문화 현상이라 할 수 있다.

한국의 그리스도인들은 의식적 차원에서는 분명 성경에서 가르치는 천국과 지옥을 믿지만, 무의식적으로 한국적인 토속신앙의 문화를 많이 받아들이고 있다. 여전히 한국의 공교육에서는 단군 신화와 저승이라는 내세관, 혹은 〈신과 함께〉에서 봤던 것처럼 불교적 지옥 심판과 같은 개념이 윤리 의식과 사상적 바탕을 이루고 있다.

그렇기에 기독교 신앙을 지키고 있다고 하더라도 별 거부감을 느끼지 않는 실정이다. '전생에 공덕을 쌓았다, 또는 죄를 지었다'라는 표현이나, '인연이 깊다'와 같은 표현에 대해서도 특정 신앙을 가지고 있더라도 의식적인 판단을 내리기 전에는 별다른 문제의식을 느끼지 못한다. 그 정도로 무속문화가 한국인의 생각 속에 깊숙이 배어있다는 뜻이다.

 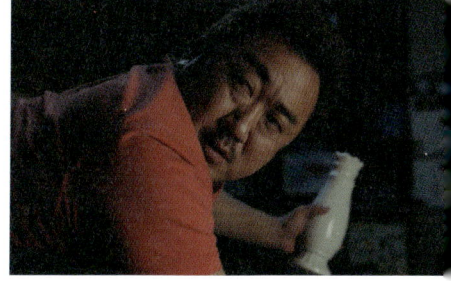

그래서 기독교 세계관을 탑재하고 세상 속에서 살아가는 것이 이토록 중요한 것이다. 어릴 때부터 교육을 통해 성경에서 말하는 윤리 의식과 가치 기준을 정립해야만 전통 신앙에 영향을 받지 않을 수 있으며, 성경의 십계명의 첫 번째 계명을 잘 지켜 나갈 수 있을 것이다.

영화를 보면서 무속신앙과 각종 귀신에게 절하는 우상숭배에 대한 불편함을 느끼지 못한다면 스스로 자신의 신앙과 그리스도인으로서 정체성을 확인해 볼 필요가 있다.

〈신과 함께〉는 거대 자본이 투입되어 제작된 흔치 않은 한국 영화이다. 〈신과 함께: 죄와 벌〉, 그리고 〈신과 함께: 인과 연〉 두 작품 모두가 천만 관객을 돌파하여 각각 1,441만 명과 1,227만 명의 흥행작으로 기록을 찍었다는 사실은 한국인 안에 깊이 뿌리 박혀있는 세계관에 대해 알 기회가 된 셈이다.

〈신과 함께〉의 흥행이 앞으로 이런 종교적 색채가 뚜렷한 영화가 지속해서 나올 수 있게 한 시발점 된 계기이기도 하다. 샤머니즘과 애니미즘, 그리고 유교와 불교문화는 여전히 한국인들 내면에서 지배적인

영향을 끼치고 있으며, 끊임없이 대중문화를 통해 그 저변이 확장될 것이다.

혹여나 자신이 그리스도인이라고 자처하더라도 종교 통합과 여러 종교의 혼재 속에서 영화를 성경적 세계관으로 분별하지 못하고 영화 속 판타지 세계에서 그저 즐기기만 한 것은 아닌지 되돌아보길 바란다.

오히려 성경적 계시에 대하여 확고한 믿음이 있는지 재점검할 수 있다면 더할 나위 없이 좋겠다.

> 너를 위하여 새긴 우상을 만들지 말고 또 위로 하늘에 있는 것이나 아래로 땅에 있는 것이나 땅 아래 물 속에 있는 것의 어떤 형상도 만들지 말며 그것들에게 절하지 말며 그것들을 섬기지 말라 나 네 하나님 여호와는 질투하는 하나님인즉 나를 미워하는 자의 죄를 갚되 아버지로부터 아들에게로 삼사 대까지 이르게 하거니와(출 20:4-5).

제 8 장
자본주의에 회의를 느낀 〈기생충〉

봉준호 감독의 영화 〈기생충〉, 〈설국열차〉는 더 노골적으로 드러났고, 〈플란다스의 개〉와 〈마더〉에서는 서브텍스트로 드러난 메시지가 있다. 봉준호 감독은 바로 사회 계층 구조에 대한 불합리성에 대한 메시지에 집중한다. 자신에게 영향을 주었던 영화라고 언급했던 여러 인터뷰를 통해서도 알 수 있다.

계급 구조에 따른 부조리는 잘못되었고, 해결되어야 한다고 믿는다. 앞에서 다룬 〈베테랑〉의 메시지와 크게 다르지 않다. 하지만 영화를 표현하는 연출 방향이 다르다. 〈베테랑〉의 류승완 감독은 선악의 대결 구조를 명백하게 나누고, 되도록이면 직접적이고 적나라하게 드러낸다.

반면, 〈기생충〉의 봉준호 감독은 계급 구조에 대한 불합리적인 요소들을 영화 속에 교묘하게 숨겨서 상징적으로 연출한다. 보는 관객으로 하여금 고차원의 다양한 해석을 할 수 있게끔 결말을 열어둔다.

대중적인 메시지에 작품성과 예술성까지 갖춘 감독으로 인정받는 이유이다. 또한, 봉준호 감독의 영화는 작은 영화적 요소에도 의미 부여를 시킨다. 감독의 디테일 함에 국제 무대에서도 인정받고 있는 이유이다.

무엇보다도 '관객'이 봉준호 감독의 영화를 선호하는 이유는 작품성이 뛰어난 만큼 봉준호 감독의 세계관을 인물, 사건, 배경을 통해 상징적으로 제시한다. 영화의 상징적 텍스트를 깊이 이해한 관객일수록 봉준호 감독을 더 높이 평가할 것이다.

봉준호 감독의 작품성을 논하자면 또 하나의 책이 나와야 할 정도로 할 말이 많다.

작품성은 차치하고, 성경적 세계관으로 〈기생충〉을 본다면 어떤 해석이 나올 수 있을까?

1. 반지하 계층과 지하 계층의 '개싸움'

봉준호 감독은 〈기생충〉에서 한국 사회에서 가장 이슈가 되고 있는 집 문제를 건드린다.

반지하의 삶, 우중충한 분위기에, 좁고 오래됐으며 더러움에 찌들어 버린 집. 낡은 옷에 곰팡이 낀 식빵 조각, 반지하의 상징인 꼽등이까지. 요즘도 이렇게 사는 사람이 있을까 싶을 정도다.

온 가족이 피자 박스를 접으며 알바비로 생계를 유지한다.

아, 돈이 없으니 Wi-Fi(와이파이)도 훔쳐 쓴다.

영화는 첫 장면부터 사회 하층민들의 삶을 극대화하여 묘사한다.

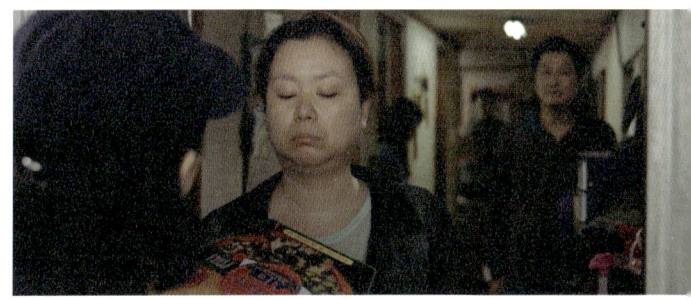

〈기생충〉을 보신 분들은 아시겠지만, 선악의 이분법 구조가 부유한 계층과 반지하 계층이 아니다. 심지어는 선악 구조를 과감히 없애버린다. 그리고 반지하 계층과 지하 계층을 피 터지게 싸우게 한 후, 자연스럽게 부유한 계층에 대한 비호감을 유도한다.

영화를 보고 난 후 사회의 상위 계층인 '동익'(이선균)의 이미지와 우리의 감정이 어떻게 남아있는가?

관객들의 반응은 대체로 일치할 것이다.

봉준호 감독은 이 메시지를 무겁지 않도록, 너무 진지하여 장르를 파괴하지 않도록, 과장되고 우스꽝스러운 비언어적 요소들을 활용했다.

'기우'(최우식)의 친구 '민혁'(박서준)은 돈이 아닌 돌을 들고 찾아온다.

잘 포장되어 뭔가 있어보이는 돌!

아무리 봐도 먹고사는 데 아무런 도움이 되지 않을 것 같은 짐 덩어리인데 이들은 재물의 기운을 불러온다며 의미 부여를 한다. '민혁'은 외모만 봐도 집에 돈 좀 있을 것 같은 포스가 느껴진다. 아니나 다를까, '민혁'은 "외국에 교환학생으로 간다"라며 자신이 맡고 있는 과외 학생을 친구 '기우'에게 넘긴다.

하층민을 바라보는 시점에서 이제 상층민으로 옮겨간다. 하층민이 상층민으로 가기 위해 필요한 것은 '거짓과 위조, 모함과 사기'이다. 정상적인 코스, 곧 '정직과 성실'로는 도달하기 어렵다는 사회적 분위기이기도 하다.

강아지도 대접받는 호화로운 대저택에서는 상위 클래스에 맞게 항상 클래식 음악이 흐른다. 반지하 계층(기우네 가족)의 말도 안 되는 '기생작전'도 기가 막힌데, 쫓겨난 가정부를 통해 지하에서 4년 이상을 기생하고 있는 또 하나의 가정이 있다.

이제 영화는 끝날 때까지 두 기생충 가정이 서로 살아남기 위해 피터지게 싸우는 과정을 그린다.

아가리 닥쳐. 이 개 쌍년아!

서로를 죽이지 않으면 살 수 없는 구조는 만들어놨지만, 이 둘의 선악은 구분하지 않는다. 과장되고 우스꽝스럽게 표현했지만, 그 기저에는 집 없이 기생해야만 살아남을 수 있는 최하층민들의 삶을 동정하게끔 한다.

2. 자본주의를 어떻게 보는가?

우리 주변에도 자본주의가 사람을 피폐하게 만든다고 생각히는 사람이 많은 것 같다. 그렇다면, 그들에게 묻고 싶다.

무소유가 선한 것인가?

우선, 자본주의와 물질만능주의는 구분해야 한다.

〈베테랑〉과 〈기생충〉에서 일어나는 전제는 물질로 모든 것을 해결할 수 있다고 정의하는 '물질만능주의'에 가깝다. 자본주의에 대한 오해이다.

자본주의에서 절대 가치를 '돈'이라고 생각하는가?

돈이 최고의 가치이기 때문에 돈을 추구하는 것이 자본주의의 핵심 가치라고 생각하는가?

아니다.

자본주의는 민주주의 사회에서 우리 모두가 노력하면 잘 살 수 있도록 보장해 주는 경제 체제이다. 자본주의에 대해 막스 베버(Max Weber, 1864-1920)는 그의 저서 『프로테스탄트 윤리와 자본주의 정신』이라는 책을 통해 이렇게 표현했다.

> 실제로 근대 자본주의 정신에 의거한 경제생활을 창출해 내는데 결정적인 역할을 한 주역들은 경제발전의 모든 시기에서 볼 수 있는 무모하고 비양심적으로 부를 좇는 투기꾼들이나 경제적 모험가들이나 그저 돈이나 굴리는 대규모의 금융업자들이었을 것이라고 생각하기 쉽지만, 사실은 그런 사람들이 아니라, 냉혹한 인생 학교에서 성장하여 시민 계층으로서의 엄격한 시각과 원칙을 갖춘 가운데 신중하면서도 과감하게, 특히, 냉정하고 꾸준하며 치밀하고 철저하게 자신에게 맡겨진 소명을 수행한 사람들이었다.

자본주의는 프로테스탄트 윤리를 바탕으로 체계화되었다. 그리스도인의 정체성을 가지고 정직과 성실한 삶을 살다 보니 자유민주주의와 함께 하나의 경제 체제로 굳어진 것이다.

결국, 기독교 세계관을 빼놓고 자본주의를 말할 수 없는 것이다. 하지만 많은 그리스도인도 자본주의에 대해 부정적으로 생각하는 경향이 있다. 돈만 밝히는 사람은 미성숙하다고 생각하는 것이다. 돈만 밝히고 자기만을 위해 소비를 즐기는 것은 이기적인 것이 맞다.

그러나 열심히 일한 대가로 얻은 수익을 남을 위해 이타적인 태도를 취한다면 돈을 좋아하고 돈을 밝히는 것이 결국 선이 되는 건 아닐까?

어떤 목적으로 부를 추구하느냐가 중요한 것이지, 부를 추구하는 것은 결코 나쁜 것이 아니다.

한국 사회는 '직업의 귀천'을 따지는 경향이 있다. 그래서 육체적 노동을 통해 땀을 흘리는 직업을 선호하지 않는다. 이는 역사적으로 유교 문화의 잔재가 남아 있기 때문이다. 사농공상(士農工商)의 직업관이 여전히 무의식 속에 잠재되어 직장의 등급을 나누고 소득에 따라 직업을 평가하는 것이다. 어른 세대(기성세대, 산업화 세대, 베이비붐 세대)가 유독 선호하는 직업이 정해져 있다.

판사, 검사, 변호사, 의사, 교수!

이렇게 '-사'의 전문 직종은 특별하지만, 현장에서 일하는 엔지니어나 현장직, 관리직은 힘들고 기피하는 업종이라고 여긴다.

조선 시대 유교의 영향을 받은 부모 세대 밑에서 자라온 현재 자녀 세대(신세대)가 자본주의 체제에 대해 왜곡된 인식을 가질 수밖에 없는 이유는 나에게 주어진 사명을 잊고, '돈이 최고다'는 가치가 우선시되기 때문이다.

하나님의 은사와 부르심에는 후회하심이 없느니라 (롬 11:29).

프로테스탄트 윤리에 따르면, 어떤 일을 하는지가 중요한 것이 아니라 바로 이것이 더 우선시 되어야 한다.

내가 맡은 일에 얼마나 소명의식을 가지고 있느냐?

현장에서 땀을 흘리며 일하는 것이 부끄러운 것이 아니라 내가 다니는 직장에서 프로그램을 다루지 못하는 것이 더 창피한 것이다. 자신의 영역에서 정직하되 최선을 다하는 것이 소명 의식이고, 선의의 경쟁에서 최고의 열매가 나온다.

이러한 관점에서 자본주의는 사회는 선의의 경쟁을 할 수 있게 만들어 주는 제도로 작용한다. 예를 들어, 의사로서 더 정확한 진료를 위해 고민하고 연구하여 의료 분야에서 최고가 되기 위해 노력할 것이다. 마찬가지로, 포장마차에서 파는 떡볶이가 프랜차이즈 가게보다 더 맛있는 떡볶이가 만들어질 수 있도록 계속된 시도와 도전을 하게 하는 것이다.

이 결과로 얻게 된 부는 하나님께서 허락하신 축복이기에 부를 하나님의 뜻대로 사용할 줄 알아야 한다. 프로테스탄트들은 이윤추구를 통해 많은 축복을 받았으며, 이를 통해 자신이 구원받았다는 증거로 삼았다. 구원의 검증을 받은 프로테스탄트들은 이윤을 추구하는 것이 탐욕적이거나 부도덕한 행위로 간주하지 않게 된다. 다만 하나님의 맡긴 일을 정직하고 성실하게 하기 위해 더욱 노력했던 것이다. 자본주의는 이 선순환의 구조가 온전한 경제 체제로 형성된 것이다.

3. 있는 자는 더 풍족하게 되고 없는 자는 있는 것까지 빼앗기는 원리

성경의 일화를 통해 자본주의에 대한 하나님의 뜻을 알 수 있다. 마태복음 25장을 보면, 주인이 정직한 방법으로 수고하여 부를 축적한 종들을 인정해 주는 모습을 보며, 부는 의인이 받는 축복이라는 교훈을 얻을 수 있다.

주인은 종들에게 각자의 재능대로 '달란트'를 나누어 준다. 종들은 땀 흘리고 수고하여 각자의 소득을 주인에게 가져온다. 다섯 달란트 받은 자는 다섯 달란트를 남기고, 두 달란트를 가진 자는 두 달란트를 남긴다. 그러나 한 달란트 받은 자는 한 달란트로 수고하지 않고 숨겨놓았다가 한 달란트 그대로 주인에게 가져온다.

이에 주인은 이렇게 말한다.

> 무릇 있는 자는 받아 풍족하게 되고 없는 자는 그 있는 것까지 빼앗기리라!
> (마 25:29)

주인이 보기에는 한 달란트 가진 자가 "악하고 게으른 종"이라는 것이다. 그래서 한 달란트마저 빼앗긴다. 반면에, 열 달란트 있는 자는 어부지리(漁夫之利)로 한 달란트까지 받게 된다.

우리의 관점에서는 이해가 안 될지 몰라도, 주인의 관점은 아주 분명하다는 것을 알 수 있는데, 그 관점은 바로 이것이다.

> 자본을 소유하는 것은 나쁜 것이 아니며, 정직하게 부를 축적한 자에게 더 채워주겠다!

달란트 비유를 통해서 부자를 악으로 여기고 가난한 자를 선으로 여기는 것은 성경적 가치에도 맞지 않는다는 점은 분명해 보인다. 성경의 핵심 가치를 요약하면, '하나님 사랑'과 '이웃 사랑'이다.

하나님을 사랑한다는 것은, 곧 하나님이 사랑하는 나의 이웃을 사랑할 수밖에 없는 것이다. 삶의 터전에서 가까이 있는 가족이나 친구, 직장 동료를 사랑하는 것이다.

공산주의 세계관으로 사고하고 생각하면 자본가와 기득권, 권력자는 이기적이고 탐욕적인 존재이라는 프레임에 갇혀버린다. 빈자(貧者)와 부자(富者)를 이분법적으로 선과 악의 구조로 인식하게 되면, 인식이 관념이 되고, 관념이 신념으로 바뀌며, 기득권을 가진 자본가와 노동자 계층의 입장 차이는 좁힐 수 없는 상황에 이르게 된다.

광화문과 강남역에서 출몰하는 각 단체의 노조원들은 대화를 단절한 채, 재벌을 향한 욕설을 내뱉는다. 도무지 이웃 사랑에 대한 실천적 행위는 없다. 이웃 사랑과 거리가 먼 공산주의 세계관은 성경적 세계관과 대척점에 있는 것이다. 이 상황에서 관계가 해결되기 위한 유일은 방법은 성경의 말씀을 실천하는 것이다.

이 대목에서 두 가지 말씀을 적용해 보면 어떨까?

> 외식하는 자여 먼저 네 눈 속에서 들보를 빼라 그 후에야 네가 밝히 보고 형제의 눈 속에 있는 티를 빼리라(눅 6:42).

> 믿음이 연약한 자를 너희가 받되 그의 의견을 비판하지 말라(롬 14:1).

성경은 말하길, 부자는 가난한 자를 사랑으로 섬기고 나누고 베풀라고 한다. 그러나 자신의 소유를 남에게 베푸는 것이 쉬운 일은 아닐 것이다. 2,000여 년 전 초대교회에서는 성령이 임하사 자신의 물건을 서로 통용하고 자신의 재물을 조금이라도 "제 것"이라 하는 이가 하나도 없었다고 증언하고 있다.

물질은 하나님의 주권에 달려 있다. 제아무리 돈 많은 재벌이라 할지라도 하나님이 거두시면 한순간에 사라지는 것이 돈이기도 하다. 물질만능주의를 살아가고 있는 우리는 맘몬(돈)으로 모든 것을 해결하려는 경향이 있다. 그러나 하나님의 경륜 앞에 돈은 절대적인 해결책이 될 수 없음을 잊지 말자.

생명이 누구한테 달려있는가?
건강 앞에 돈이 무슨 소용인가?
죽음 앞에 단 하루의 생명이라도 연장하는 것이 가능한 사람은 또 누가 있는가?

'만물의 전능자', '절대 주권자'를 생각하지 않을 수 없다.

> 네가 이 세대에서 부한 자들을 명하여 마음을 높이지 말고 정함이 없는 재물에 소망을 두지 말고 오직 우리에게 모든 것을 후히 주사 누리게 하시는 하나님께 두며 선을 행하고 선한 사업을 많이 하고 나누어 주기를 좋아하며 너그러운 자가 되게 하라(딤전 6:17-18).

> 땅에는 언제든지 가난한 자가 그치지 아니하겠으므로 내가 네게 명령하여 이르노니 너는 반드시 네 땅 안에 네 형제 중 곤란한 자와 궁핍한 자에게 네 손을 펼지니라(신 15:11).

4. 너가 하고 싶은대로 해!

프로이트(Sigmund Freud, 1856-1939)는 "우리가 꾸는 꿈이 무의식 세계의 표상"이라고 표현한다. 무의식은 의식적 차원과는 전혀 다른 우리가 볼 수 없는 것이지만, 어쩌면 보이는 의식 세계보다 훨씬 크다고 한다. 그리고 의식과 무의식의 경계에 있는 전의식이 인간의 정신 체계라고 본다.

프로이트에 따르면, "꿈을 해석하는 것은 그저 심리적인 것을 넘어 과학이고 의학"이라는 것이다.

예를 들어, '나는 돈을 좋아하지 않는다'라고 인식하지만, 무의식 세계에서는 돈에 집착하는 돈의 노예가 되어 살아가는 사람일 수 있다는 것이다.

인간은 누구나 욕망이 있고, 성취하지 못한 욕구들이 있다. 그런데 세상을 살아가는 현실 세계에서 이 욕망과 욕구들을 스스로 인식하지도 못한 채, 내면에 자리 잡고 있다가 꿈을 통해 실현하기도 한다. 때로는, 왜곡되거나 압축되거나 망각되기도 하지만, 이 무의식의 작동으로 인해 일상생활을 정상적으로 할 수 있다는 것이다.

프로이트는 "인간이란 세 얼굴을 가진 존재이다"라고 설명한다.

첫째, 원초적 본능을 추구하려는 원초아(이드)
둘째, 합리적이고 이성적인 판단을 내릴 수 있는 자아(에고)
셋째, 도덕이고 이타적인 성향을 추구하는 초자아(수퍼 에고)

프로이트는 '원초아'가 가진 본능이 성적 욕구를 충족시키는 것이라고 주장했다. 그래서 "인간은 성적 욕구를 만족해야만 행복해질 수 있다"라는 이론이 나온 것이다.

그리고, 프로이트는 인간의 본능적인 욕구가 충족되어야 건강해진다고 믿었기 때문에, 이를 반대하는 종교와 이념들을 해체하기 위해 노력했다. 그래서 그는 이렇게 말한다.

보이지 않는 신을 어떻게 믿어?

너가 하고 싶은 대로 해!

너의 본능을 억제하지 마!

"꿈이 영적 존재에 지대한 영향을 미친다"라는 이론이 무의식의 세계가 영적 세계와 유사한 듯 보이지만 프로이트는 결정적으로 성경과 다른 선택을 추구하는 것이다.

이제 다시 영화로 돌아와서 '기우네 가족들'을 보자. 일반적인 상식으로 불가능한 설정들이 남발한다. 사문서위조, 무단주거침입, 폭행치사에 살인까지 영화 속 세계를 빠져나오면 사회에서 결코 허용될 수 없는 범죄들을 우스꽝스럽고 가볍게 다룬다.

캠핑에서 돌아온 둘째 아이가 대저택 마당의 미제 텐트에서 노는 동안 이선균과 조여정은 은밀하게 둘만의 잠자리를 가진다. 시각적으로 굉장히 자극적인 장면이 아닐 수 없고, 잠깐의 장면이지만 그 이미지가 우리의 뇌에 잔상으로 남아 쉽게 잊혀지지 않는다.

감독의 의도와 상관없이 음란함이 우리 몸에 들어와 괴롭히는 것이다. 15세 관람가인 상영 등급을 생각했을 때, 음란 행위의 장면을 노출시킨 것은 가히 충격적이다.

15세의 청소년이 절제할 수 있는 힘이 아직 없다면, 아이들의 삶에 어떤 영향을 미치게 될까?
무의식 속에 일어나는 반응을 상상해 보았는가?
무의식 속에 이 장면이 남아있다가 여자친구와 단둘이 있는 장소에서 불현듯 성적 욕구가 생긴다면, 그 청소년이 내릴 결론은 무엇이겠는가?

너가 하고 싶은 대로 해!

너의 본능을 억제하지 마!

혹자는 이 장면을 영화적 설정으로 봐야지, 장난을 장난으로 받아들이지 못하는 '진지충'(지나치게 진지한 사람)이라고 불편해할지도 모르겠다. 그러나 영화 속 범죄들이 무의식 속에 자리 잡고 있다가 결정적인 순간에 이렇게 외칠 수 있다.

작은 거짓말인데 어때?

이거 훔친다고 누가 알겠어?

한 대만 쳐!

급기야는,

왜 참아?

찔러!

　이런 생각이 지배한다면, 그 생각이 행동으로 간다면, 무슨 일이 벌어지게 될지 모른다. 최근 우리 사회에서 발생한 살인 사건은 여중생이 범인인 사건이 있었는데, 그녀는 이렇게 자백했다.

　　TV에서 본 살인을 따라 해 보고 싶었다.

　이 범죄 동기의 모습은 무의식이 의식을 잠식하는 대표적인 예라고 볼 수 있겠다. 다음세대뿐만이 아니다. 모두가 미디어를 통해 억제된 욕구들이 살아나는 경험을 해본 적이 있을 것이다. 배가 고프지 않지만 무언가 먹고 싶어지거나, 사고 싶은 마음이 없었는데 영화를 보다가 구매 욕구가 생겼다거나, 성적 욕구가 배우의 노출을 통해 되살아난 경험 말이다.

　짧지만 한 장면의 효과는 '파격적'이다. 짜릿한 잠자리를 보는 것으로 우리의 영혼은 반응한다. 무의식 속에 있던 욕구들이 깨어나 활동하기 시작한다. 그 욕망이 마치 원래 자기의 욕망이었던 것처럼 믿어지게 된다.

'이 시대'(마지막 때)에 우리는 특별히 눈과 귀를 지켜야 한다. 우리가 무엇을 보고 무엇을 듣는지가 우리의 생각을 바꾸고 지배할 것이다.

지금 우리의 시선은 어딜 향하고 있는가!

우리가 '무엇을 추구하며 살아가고 있는가'를 결정하는 것은 우리의 눈과 귀라는 사실을 잊지 말아야 할 것이다.

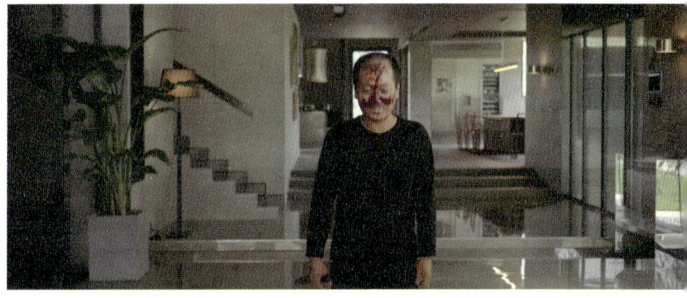

마음속에 "너가 하고 싶은 대로 해"라는 외침이 들려올 때, 이제 우리는 어떻게 반응해야 할까?

성경은 '보이지 않는 창조주를 믿을 수 있는지'를 질문하게 한다. 보이지 않는 하나님의 말씀에 믿음으로 순종한다면, 하나님은 인간의 수준에서 생각할 수 없는 '초자연적인 기적을 보이시겠다'라고 약속하셨다.

구약성경 출애굽기를 보면, 하나님이 모세라는 지도자를 통해 홍해를 가르고, 광야에서 구름기둥과 불기둥으로 이스라엘 백성을 보호하셨다. 또한, 하늘에서 만나를 내려 굶어 죽지 않도록 그들을 지키셨다는 기록이 있다.

신약성경 사복음서에는 예수님께서 제자들에게 보이신 수많은 기적들이 있었다는 것을 다 알고 있을 것이다.

> 믿음은 바라는 것들의 실상이요 보이지 않는 것들의 증거니 선진들이 이로써 증거를 얻었느니라 믿음으로 모든 세계가 하나님의 말씀으로 지어진 줄을 우리가 아나니 보이는 것은 나타난 것으로 말미암아 된 것이 아니니라 (히 11:1-3).

봉준호 감독은 〈기생충〉을 통해 반자본주의의 합리성을 세상에 전달하고자 했다. 상층민과 하층민의 삶을 극대화하여 자본주의의 경쟁으로 인해 피해를 본 하층민과 최하층민들의 서글프고 비참함을 보여주려 한 것이다. 또한, 감독은 비현실의 영화적 설정을 우스꽝스러운 캐릭터와 가벼운 대사로 관객들의 공감을 샀고 동정심을 유발했다.

관객은 엉뚱하고 멍청한 자본가를 잘 속여 부유한 삶을 누려보려고 하는 기생충 같은 하층민과 최하층민의 싸움을 관음했으며, 감독이 메시지를 상징적으로 은폐했다는 것조차 모르게 했다.

거봐, 너는 집 없지?
너는 반지하 집에서 살고 있지?
너희가 열심히 살아도 앞으로의 길은 올라가기는커녕, 수많은 계단을 내려가는 것뿐이야.

이것이 바로 감독이 진짜 하고 싶었던 말이다. 우리가 비진리에 설득 당하지 않으려면 성경적 세계관으로 무장해서 이렇게 반박할 수 있어야 한다.

너가 알고 있는 자본주의는 오해야.
나는 물질적 축복을 흘려보내기 위해서 오늘도 최고가 되기 위해 노력했고, 돈도 지금보다 더 많이 벌어서 부자가 될 거야!

봉준호 감독은 '계단'이라는 오브제를 사용하여 계급 구조를 상징적으로 표현했다.
영화 속에서 수시로 등장하는 계단 장면은 주인공의 가족이 결코 올라가는 모습은 보이지 않는다. 다만 끊임없이 내려갈 뿐이다.
봉준호 감독은 이처럼 많은 계단 쇼트들을 통해 반지하 계층의 사회적 추락을 대중에게 보여주고자 노력했다.

"반지하는 지상과 지하, 부자와 가난한 이, 부와 빈곤의 경계와 같다. 어떤 순간에는 조금만 노력하면 지상으로 오를 수 있을 것 같지만, 달리 생각해 보면 지하와 더 맞닿은 공간이기도 하다. 반지하는 기본적으로 높고 낮음의 중간에 있기 때문에 훨씬 더 아래로 떨어질 수 있다는 두려움과, 아직 절반은 지상에 있다는 희망을 동시에 느끼는 공간이다."

- 봉준호 영화감독, 미국 영화 전문지 『인디와이어』(INDIEWIRE) 와의 인터뷰 중에서

Part 3

크리스천이 가져야 하는 문화적 사명

제1장 선택 받은 민족, 대한민국!

제2장 영화 산업 구조의 변동과 유튜브

제1장
선택 받은 민족, 대한민국!

1. 하나님의 문화인이여, 일어나라!

세상은 좀 더 자극적이게 좀 더 짜릿한 요소를 본능적으로 찾는다. 그것에 맞게 영화는 점점 범죄의 수위를 높이고 잔인하게 바뀌고 있다.

한편으로는, 과거의 사회적 통념을 깨부수기 위해서 새로운 화려함을 소개하고 시선을 빼앗는다. 우리에게 해로운지도 모르게 교묘한 방법으로 속이려고 한다. 마치 술에 취하고 있으면서도 아직은 취하지 않았다고 말하는 것처럼 말이다.

감독뿐만이 아니라 영화 업계에 종사하는 소수의 그리스도인이 있다. 여름에는 폭염 가운데, 겨울에는 영하의 추운 날씨 가운데 촬영 현장에서 일하는 스태프들이 있다. 괜찮은 아이템 하나를 붙들고 관객의 선택을 받기 위해 밤낮 고민하는 영화 기획자와 작가도 있을 것이다.

그리고 영화를 가장 좋은 시즌에 상영관에 걸리도록 힘쓰는 배급 담당자, 그 영화를 홍보하고 흥행시키기 위해 고군분투하는 마케팅 담당자들도 우리 주변에 있을 것이다. 영화가 좋아서 힘든 길을 걸어가는 영화학도들과 그 학생들을 가르치는 교수들도 많이 있다. 이처럼 다양한 곳에서 각자만의 이유로 영화를 통해 자신의 목소리를 내려고 노력한다.

'영화를 만든다'라는 것은 자신의 영혼을 갈아 넣는 것이다. 오늘날 청년(MZ세대) 직장인들이 영끌("영혼까지 끌어모은다"는 신조어)을 해서 자신의 집을 마련하고, 영끌한 자신의 종잣돈을 주식에 투자하는 것처럼, 청년 영화인들은 영끌해서 자신의 영화에 올인(All-in)한다.

그리스도인은 각 사회 영역에서 하나님의 주권을 내어드리고, 온 세상의 왕이신 분의 영광을 위해 각자의 자리에서 사명을 지켜나가는 '하나님이 구별한 사람들'이다.

아직 영화 산업에 종사하는 그리스도인들이 많지 않은 것은 사실이지만, 소수의 인원 중에서도 성경적 세계관으로 현장에서 치열하게 영적 싸움을 이어 나가는 분들도 분명 계실 것이라고 믿는다. 이들이 바로 하나님 나라의 왕 같은 제사장이요. 하나님께 속한 백성이다.

먼저, 깨어서 구별된 문화인들이 실력을 키워야 한다. 세상의 논리로는 천 억의 자본을 일 억의 자본이 이길 수 없다. 그러나 만물의 주재이신 하나님 안에서 준비하고 겸비한 영화인, 예술인, 문화인들이 반드시 마지막 때에 드러날 것이다.

소년 다윗이 작은 체구에 작은 물맷돌 하나로 골리앗의 이마를 명중해 쓰러뜨린 역사를 떠올려 볼 때, 우리는 세상 속에는 있지만 세상의 방법대로가 아니라 하나님의 방법대로 생각하고 결정하는 훈련을 해야 한다.

작은 것이라도 성경의 말씀을 지키는 것, 예수님은 이것이 "진정 하나님을 사랑하는 자"라고 말씀하셨다.

> 나의 계명을 지키는 자라야 나를 사랑하는 자니 나를 사랑하는 자는 내 아버지께 사랑을 받을 것이요 나도 그를 사랑하여 그에게 나를 나타내리라(요 14:21).

촬영 현장을 가봐도 크리스천 영화인들이 거의 없음을 알 수 있다. 크랭크인(Crank In, 영화 촬영을 처음 시작하는 것을 말함. 영화 촬영기의 손잡이에서 유래한 용어)을 할 때, 모든 스텝과 배우들이 모여 고사(告祀)를 지내는 무속신앙이 아직도 문화로 자리 잡고 있다.

돼지머리를 잘라 제삿상에 올리고 그 앞에 절을 하는 동양의 의식이자 한국 영화계의 빠지지 않는 관습이다. 그러니 그리스도인으로서 그 자리에서 믿음을 지킨다는 것은 참으로 쉽지 않은 일이다. 그럼에도 불구하고 사명의 길이라면 세상 속의 빛과 소금의 역할을 감당해야 할 것이다.

다윗과 골리앗의 이야기를 꼭 기억하길 바란다. 거대한 골리앗 앞에서 다윗은 물맷돌 다섯 개만 가지고 도전했다. 주변에서는 "조그마한 소년 다윗과 골리앗과의 대결이 어떻게 가능하겠느냐"며 비웃었지만, 다윗은 도전했다. 골리앗이 다윗에게 오더니 소리치며 저주하기 시작한다.

다윗이 사용했던 다섯 개의 물맷돌

너가 나를 개로 여기고 막대기를 가지고 나왔느냐?

덤벼라!

너의 살을 새들과 들짐승의 밥이 되게 해주겠다.

그러나 다윗은 대답한다.

너는 무시무시한 최고의 칼과 창으로 나를 공격하느냐?

나는 너가 모욕하는 만군의 여호와이신 이스라엘 군대의 하나님의 이름으로 너에게 나아간다!

오늘 여호와께서 너를 내 손에 넘겨주시니 내가 너를 쳐서 너의 목을 베고 하늘의 새와 땅의 들짐승에게 주어 온 땅으로 이스라엘에 하나님이 계신 줄 알게 하겠다!

> 또한, 여호와의 구원하심이 칼과 창에 있지 아니함을 너희 블레셋에게 알게 해주겠다!

한국에도 "만군의 여호와의 이름으로" 제작된 영화가 세상을 떠들썩하게 만드는 날이 하루속히 도래하길 고대한다. 기독교 세계관으로 무장한 예술가가 세상의 인정을 받아, 차기작에 대한 대중의 요구가 끊이지 않기를 바라는 마음뿐이다.

이런 날이 오기 위해 선행되어야 할 것은 '세상 자본에 직접 투자를 받고 영화를 제작할 수 있는 창의력 있는 인재가 나와야 한다'라는 것이다.

넷플릭스와 같은 미국의 거대 자본이 한국에 유입된 지금 MZ세대도 충분히 경쟁력 있는 작품을 세상에 선보일 기회가 열린 것이다. 세상의 영향을 받아 본 경험도 있고, 살아계신 하나님의 말씀대로 믿음을 지켜본 경험도 있다면, "적을 알고 나를 아는 지피지기"의 진정한 강자가 될 것이다.

성경적 세계관으로 전신 갑주를 입은 하나님의 사람이 세상을 이기고도 남는 작품을 충분히 만들 수 있다고 믿는다. 한국 영화 산업 구조도 잘 이해하고 현장에도 익숙한 그리스도인이라면 하나님이 영광되는 선택을 하기에 수월하기 때문이다. 노골적인 기독교 영화도 좋지만, 기독교적 가치를 담은 영화로서 하나님의 주권 아래에서 진행되는 영화라면 충분히 경쟁력이 있다.

이제 세상이 인정할 만한 시대정신을 가진 감독이 나와야 할 때다. 전능자 하나님의 방식은 조금 조금씩 이루어 가시기도 하지만 하나님의 마음에 합한 자는 다윗과 같이 한 번에 기름 부어 쓰시기도 하셨다.

다윗과 골리앗의 전투를 통하여 하나님은 우리가 세상을 이겨낼 수 있는 방법을 이미 말씀하셨다. 다윗이 물맷돌을 던져 골리앗의 이마에 명중시키는 장면을 보자.

> 블레셋 사람이 일어나 다윗에게로 마주 가까이 올 때에 다윗이 블레셋 사람을 향하여 빨리 달리며 손을 주머니에 넣어 돌을 가지고 물매로 던져 블레셋 사람의 이마를 치매 돌이 그의 이마에 박히니 땅에 엎드러지니라 다윗이 이같이 물매와 돌로 블레셋 사람을 이기고 그를 쳐죽였으나 자기 손에는 칼이 없었더라 다윗이 달려가서 블레셋 사람을 밟고 그의 칼을 그 칼 집에서 빼내어 그 칼로 그를 죽이고 그의 머리를 베니 블레셋 사람들이 자기 용사의 죽음을 보고 도망하는지라 이스라엘과 유다 사람들이 일어나서 소리 지르며 블레셋 사람들을 쫓아 가이와 에그론 성문까지 이르렀고 블레셋 사람들의 부상자들은 사아라임 가는 길에서부터 가드와 에그론까지 엎드러졌더라 이스라엘 자손이 블레셋 사람들을 쫓다가 돌아와서 그들의 진영을 노략하였고 다윗은 그 블레셋 사람의 머리를 예루살렘으로 가져가고 갑주는 자기 장막에 두니라 (삼상 17:48-54).

자본을 가진 투자자가 전격적으로 나타나서 제작을 주도해 준다면 더할 나위 없이 좋겠지만, 영화 예산의 기본 규모가 작지 않다 보니 한 번도 성공 사례가 없는 감독 지망생에게 투자하기는 쉽지 않은 것도 현실이다.

하지만 방법이 없는 것은 아니다. 작은 물방울들이 모여 큰 파도를 이루듯 마음 맞는 성도들이 십시일반 모아 영화를 제작할 수도 있다. 최근에는 크리에이터들을 위해 '크라우드 펀딩'(후원, 기부, 대출, 투자 등을 목적으로 웹사이트나 온라인 플랫폼을 통해 다수의 개인으로부터 자금을 모으는 행위를 말한다)이라는 프로젝트도 많이 진행되고 있다.

"티끌 모아 태산"이라는 말처럼 적은 돈일지라도 주목을 받으면 목표한 자금을 단기간에도 모을 수 있다. 성도들의 기도와 마음이 담겨있는 재정이라면 연합의 힘은 훨씬 강할 것이다. 큰 재정이 모이기까지 적잖은 시간이 걸릴 수도 있다. 그럼에도 불구하고, 한마음으로 기도하며 기다리면 하나님은 반드시 다윗과 같은 자를 세워 기름 부어 주시는 분인 줄로 믿는다.

하나님의 사모하는 그리스도인 영화인들이여!

이제 소년 다윗과 같이 승리할 일만 남았다. 물맷돌을 잘 준비하여 하나님이 주신 기회를 놓치지 않는다면 말이다.

2. 선한 콘텐츠에 반응하는 관객

Part 1, 2, 3을 통해 흥행한 상업 영화들 속에 반기독교 세계관이 어떻게 흡수되어 있는지 나누었다.

그렇다면, 이제 문화막시즘에 영향을 받은 반기독교적 영화들을 어떻게 파악할 수 있는지 실용적인 방법론을 소개하려고 한다.

첫째, "성경적 세계관을 우리의 영혼에 무장"시켜야 한다.

성경적 세계관을 탑재하는 데 가장 필요한 것은 성경을 읽는 것이다.

하나님의 말씀은 살아 있고 활력이 있어 좌우에 날 선 어떤 검보다도 예리하여 혼과 영과 및 관절과 골수를 찔러 쪼개기까지 하며 또 마음의 생각과 뜻까지 판단한다. 이런 말씀을 통해 살아계신 하나님을 만나야 한다. 그것보다 중요한 것은 없다.

말씀과 함께 시중 서점에서 다양한 기독교 서적으로 성경적 세계관을 촘촘하게 구축하는 과정도 필요하다. 살아계신 하나님을 경험한 많은 이 시대의 선지자들이 믿음의 싸움을 통해 얻은 인사이트(Insight, 통찰)를 책으로 정리한 것이다 보니 성경을 읽고 해석하는 데 많은 도움이 된다. 성경을 더욱 풍성하게 이해할 수 있는 기회가 될 것이다.

또한, 한국 교계에 서양 문명사와 한국 근현대사를 중심으로 성경적 세계관을 알리시면서 많은 그리스도인을 깨우고 계시는 분들의 유튜브 영상을 구독한다. 유튜브에는 기독교계 인플루언서들이 많이 활동하고 있다. 영적으로 탁월하신 강사분들이 설명하는 콘텐츠들을 통해 흩어져 있는 성경적 세계관의 내용들이 정리할 수 있다.

개인적으로 세계사는 곧 '기독교의 역사'라고 믿는다. 인류가 각 시대를 어떻게 살아왔는지 거시적인 관점으로 이 시대를 보면 앞으로 예수님이 다시 오기 직전의 때에 세계가 어떻게 흘러갈지 보인다고 말할 수 있다.

아울러, 정보를 흡수하는 데 그치지 말고, 교회 공동체에서 세계관에 대한 지식을 함께 교제하고 나누면서 선한 영향력을 전하는 사명자로서 자신을 세상에 내던지자.

둘째, "시세를 알고 주류 대중영화의 흐름을 읽는 단계"이다.

스마트폰이 있으면 미디어와 뉴스를 통해 정치, 외교, 경제, 사회, 문화, 예술 각 분야에서 발생하는 이슈들을 쉽게 접하게 된다. 정보가 머릿속에 입력이 되면, 자신이 가진 세계관을 바탕으로 시대의 흐름을 해석한다.

예컨대, 퀴어 코드의 드라마나 예능, 영화가 세상에 나온다면, 젠더 이데올리기와 가정 해체를 주장했던 빌헬름 라이히(Willhelm Reich, 1897-1957)의 "성혁명 이론"과 문화를 기반으로 좌파 이념을 주입하고자 진지전의 전략을 주장한 안토니오 그람시(Antonio Gramsci, 1891-1937)의 열매가 맺혔다는 것을 기억해야 한다.

책의 서두부터 말미까지 관통하고 있는 핵심 메시지인데, 한국의 문화예술인들이 영향을 받은 문화막시즘의 사상적 흐름을 이해하고 있어야 한다. 반권위주의의 합리성이라는 전제로 권위를 해체하고, "아이들의 성 해방의 자유가 무의식에 있는 억압으로부터 벗어날 수 있다"라는 주장이 얼마나 반성경적인 논리인지 이제 잘 아실 것이다.

이러한 콘텐츠가 대중에게 환영받는 것만 봐도 앞으로의 시대가 어떻게 흘러갈지 예상할 수 있다. 물론 성경의 지식을 알고 이 시대의 좌표를 안다면 우리의 영혼은 파멸이 아닌 생명의 길을 선택하겠지만 말이다.

> 잇사갈 자손 중에서 시세를 알고 이스라엘이 마땅히 행할 것을 아는 우두머리가 이백 명이니 그들은 그 모든 형제를 통솔하는 자이며(대상 12:32).

문화막시즘에 대한 지식이 있고 성경을 알면 이제 영화를 볼 때 충분히 분별할 수 있을 것이다. 한국의 대중영화는 대체적으로 반기독교 세력의 자본이 투입되기 때문에 반성경적 세계관을 기반으로 만들어질 확률이 높다. 그러니 굳이 돈과 시간을 투자해서 영화를 볼만큼의 가치가 없다고 해도 과언이 아니다.

그러나 우리는 위기를 기회로 만들어야 한다. 콘텐츠를 분별할 수 있다면, 예수 그리스도를 믿지 않는 사람에게 전도의 도구로 활용할 수 있는 것도 사실이다. 세상 속에 빛과 소금의 역할을 감당하는 왕 같은 제사장인 우리는 그리스도인이라는 정체성을 가지고 선한 영향력을 전파하기 위해 이 기회를 적극 잡아야 한다.

앞으로 어떤 영화들이 주류를 이룰 것이지 충분히 예상할 수 있다. 높은 확률로 자본주의에 대한 비판적인 영화들, 동성애 코드의 영화들, 불륜과 반권위주의와 가정 해체를 정당화하는 영화들, 귀신, 좀비, 악령이 나오는 영화들, 복수를 통한 정의를 주장하는 영화들, 반미주의 영화들이 주류를 이룰 것이다.

또한, 더 그럴듯하게, 더 정교하게, 더 아름답게 메시지가 포장되어 우리에게 찾아올 것이다. 반성경적 세계관이 세상의 권세를 잡고 주관하고 통치할 때 우리는 시대적 흐름을 읽고, 시대의 악을 더욱 선으로 이기면 된다.

> 악에게 지지 말고 선으로 악을 이기라 (롬 12:21).

셋째, "작가주의적인 관점에서 영화를 재해석해 보는 단계"이다.

물론 거창하게 할 필요는 없다. 함께 영화를 본 친구에게 성경적 세계관을 바탕으로 해석하여 영화에 대한 후기를 말해주면 된다. 우리에게 주어진 자유는 하나님 안에서의 자유이지 하나님으로부터의 자유가 아니라고 친절하게 알려주는 것이다.

영화를 만든 감독이 사회를 보는 관점은 공산주의 세계관으로부터 나온 것이기 때문에 자본주의를 비판적 시각으로 바라볼 수밖에 없다고 설명해 주면 된다. 여기서 절대 감정에 지배당해서는 안 된다. 정치적인 진영 논리에 갇히는 건 주의해야 한다는 뜻이다. 진리인 성경 말씀은 감정으로 대하는 것이 아니고 살아계신 하나님을 대하는 것이다. 예를 들면, 이런 것이다.

> 〈베테랑〉에서 재벌을 사회악으로 규정하고 단결 투쟁하는 노동자가 불쌍한 존재로 나오는 이유에 근본 사상이 뭔지 아니?
> 칼 마르크스가 경제적 계급 구조가 부조리하다고 주창했는데, 노동자 계층인 프롤레타리아가 부자인 부르주아를 세상에서 없어져야 할 악한 존재라고 인식했어. 그래서 강남역에 노동자들이 저렇게 플랜카드를 걸어놓고 돈 많은 '이재용'을 미워하는 거야. 지금도 노조들은 머리에 띠 두르고 시위하는 이유야.

지금은 분명 성경에서 말하는 '마지막 때'이다. 세상이 아무리 죄악으로 가득하다고 해도 하나님은 살아계시고, 지금도 그분의 경륜대로 세상을 경영하신다.

문화를 통해 우리의 시선을 빼앗고 마음을 지배하여 가정과 교회를 해체하려고 악을 쓰는 것 같아도 믿음의 눈을 들면 하나님이 악인들까지 사용하셔서 택한 자를 구원하실 것이다.

> 외치는 자의 소리여 이르되 너희는 광야에서 여호와의 길을 예비하라 사막에서 우리 하나님의 대로를 평탄하게 하라 (사 40:3).

이스라엘 유대광야의 모습

제2장
영화 산업 구조의 변동과 유튜브

1. 코로나 팬데믹으로 인한 관객 감소와 MZ세대의 문화 성향

영화 산업의 구조가 전격적으로 변동되고 있고, 코로나 팬데믹 시기를 거치면서 변동 폭이 더욱 커지고 있다. 코로나로 모든 영화관의 문이 닫히면서 한국 영화 자본의 약 75퍼센트 이상을 차지하는 극장 수익이 급감했다. 원래 한국이 내수 시장이 작은데다 코로나로 인해 극장 수용 인원 감축과 운영 시간 단축으로 인해 더욱 자본 조달이 어려워진 것이다.

2020년 10월 「중앙일보」 기사는 "코로나의 여파로 인해 영화 135편의 피해 금액이 329억 원에 달한다고 집계되었다"라는 소식을 전했다.

감염병으로 인해서 모이지 못했고, 제작 기간이 길어지면서 촬영이 취소되기도 했고, 검사나 방역 같은 상황으로 촬영이 지연되어 인건비가 늘어난 것이 피해의 주요 원인이라는 것이다.

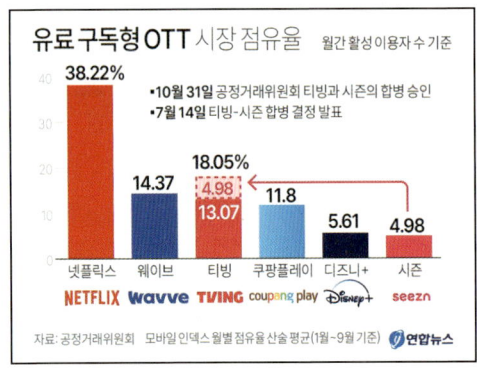

이런 상황이다 보니 자본은 자연스럽게 수요가 많은 플랫폼으로 옮겨지게 된다. 불과 몇 년 전까지만 해도 케이블 채널에서는 철이 지난 영화들만 볼 수 있었고, 내가 보고 싶은 영화들은 인터넷으로 다운받아서 보는 것이 일상의 모습이었다.

하지만 지금은 그렇지 않다. 다양한 OTT(Over the Top) 플랫폼의 등장과 함께 산업 구조를 변화시켰다. 넷플릭스, 디즈니, 왓챠, 티빙, 쿠팡플레이, Wavve, 시리즈 온 등과 같은 영상 콘텐츠 플랫폼에서 저렴한 가격을 지불하면 내가 찾는 영화들만 골라서 부담 없이 즐길 수 있다. 굳이 내가 찾지 않아도 빅데이터를 기반으로 AI(알고리즘)가 취향대로, 내가 좋아할 만한 영화들을 기가 막히게 잘 찾아준다.

그렇다 보니 영화관까지 가서 돈과 시간을 소비하지 않아도 되고, 잘못된 영화의 선택으로 인한 리스크를 감수하지 않아도 되는 편리한 시대가 된 것이다.

나만의 공간에서 양질의 영화를 즐길 수 있는 시대가 된 이유는 코로나로 인한 사회적 거리 두기의 영향이 크다. 코로나 기간 동안 특별한 일이 아니고서야 집 밖으로 나올 수 없었기 때문에 이동 반경이 집과 직장으로 제한되었다.

더군다나 스마트폰 하나면 많은 것을 해결할 수 있게 됨으로써 되도록이면 집 안에서 모든 것을 해결하고자 하는 생활로 적응되어 버린 것이다. 자신을 "집돌이, 집순이"라는 표현하는 MZ세대가 늘어나고 있다. MZ세대에게는 집에서 잠옷 차림으로 맥주 한 잔과 함께 영화를 보는 것이 삶의 낙이 되었다.

'포스트 코로나'가 도래하면서 <한국 영화 산업의 전망>이라는 주제로 많은 영화 산업 전문가는 극장의 시대는 저물고 모바일과 TV를 통한 홈 스크린 시대가 올 것이라고 예측하고 있다. 여기에 문화예술의 트렌드를 주도하는 MZ세대의 특징을 파악하면 자본의 흐름을 따라갈 수 있다.

성결대학교의 한 논문에 MZ세대의 관점에서 OTT 시대를 설명한 글이 흥미로워서 발췌했다.

> OTT와 TV의 시대가 될 것이다. 극장이 맞이한 가장 큰 도전이던 1950년대 TV의 등장은 대형 스크린 대 작고 답답한 브라운관 구도로 경쟁 체제가 손쉽게 종식되었다.

영화는 더 크고 더 화려하고 더 세게 진화하며 지금까지 달려왔다. 그러나 포스트 코로나 시대 TV의 재도전은 TV/OTT가 승리를 가져갈 가능성이 크다. 대면하지 않고 자신에게 집중하면서 느슨한 연대를 통해 경험하며 공유하는 밀레니얼/Z세대에게 OTT를 통한 영화 감상은 가성비라는 면에서 더할 나위 없는 훌륭한 대안이다.

자발적 고립화를 선호하는 존재 양태, 그리고 디지털상에 흔적으로 남는 각자의 취향은 영화 선택을 덜 고민하게 해준다. 스마트 시대에 적절한 스마트한 오더가 이루어지는 것은 큰 장점이다.

상영 설비의 간소화로 홈엔터테인먼트가 가능한 상황에서 큰 TV를 가져다 놓으면 극장 스크린에 근접한 상영 환경을 가질 수 있다. 디지털 디바이스에 익숙한 밀레니얼/Z세대에 친숙한 OTT는 코로나19로 인해 전 세대로 더욱 쉽게 확산되고 있다.

세대의 문화를 통해 트렌드와 비즈니스가 이동한다. MZ세대는 2010년대 이후 시대의 트렌드를 변화시키는 주도적인 세대가 되었다. 코로나가 이전에도 MZ세대의 특징은 개인화된 공간에서 SNS와 커뮤니티 문화적 색채를 띠었다. 기존의 영화관의 방식보다는 OTT 플랫폼을 통한 영화감상이 더욱 적합하다는 것이다.

앞의 논문에서 "대면하지 않고 자신에게 집중하면서 느슨한 연대를 추구한다"는 것은 MZ의 문화소비 욕구를 만족하는 방식이다.

특별히, 여기서 "느슨한 연대"라는 표현이 흥미로운데, 서로 부딪히지 않게 공간을 넓게 소유하거나, 끼리끼리 검증되고 안전한 사람이자 비슷한 수준과 취향을 가진 사람들과의 관계를 형성하고자 하는 성향을 의미한다.

즉, 기존의 영화관에서 서로 팔을 부대끼며 두 시간이라는 긴 시간을 불편함을 느끼기보다 친한 지인을 집에 초대하거나 같은 공간에 모여 함께 떠들며 영화를 보는 것이 성향상 맞다는 것이다.

'한국디자인문화학회'의 저널에 따르면, 저자 조윤설, 조택연은 밀레니얼세대와 Z세대 특징을 다음 여섯 가지로 정리했다.

첫째, 디지털 매체를 기반으로 한 라이프스타일
둘째, 적극적 정보와 탐색을 통한 소비
셋째, 혼자이기를 원하면서도 소통을 원하는 독립적인 세대로 자발적으로 혼자 라이프 추구
넷째, 개성을 중시하며 익숙함보다는 비일상적인 새로운 모험 소비 추구
다섯째, 욜로(현재 자신의 행복을 가장 중시하고 소비하는 태도)를 실천하며 동시에 가성비를 따지는 세대
여섯째, 소유보다는 경험과 공유 중시

MZ세대의 다음세대인 알파세대(2010년 이후 출생한 세대)는 태어날 때부터 스마트폰을 접하는 세대이다. 아직까지 스마트폰의 활용이 어려운 어른 세대와는 달리 "알파세대는 와이파이로 호흡한다"라는 말이 있을 정도로 스마트폰과 가까운 세대라고 한다.

Z세대만 해도 태어나서 세계관이 구축되기 전부터 스마트폰을 접한 세대이기 때문에 디지털 문화로 가치관이 형성되며, SNS와 후기를 보고 소비를 결정하고, 자신의 소비 경험도 공유하는 것을 익숙한 세대가 된 것이다. MZ세대의 요구에 따라 극장 문화는 자연스럽게 OTT 플랫폼으로 이동할 수밖에 없었을 것으로 보인다. 다만 코로나라는 사회적 거리 두기가 일정 기간 불가피해지면서 영화 산업의 구조가 급격하게 변한 것뿐이다.

한편, 한국의 기존 배급사들의 치열한 경쟁은 불가피할 것이다. 메이저 배급사에서 제작하는 블록버스터 영화들의 경쟁 속에서 선택받기 위해서는 차별화된 콘텐츠일 때 대중의 시선을 빼앗을 것이다.

비대면 시대에 아무리 OTT 플랫폼과 유튜브라는 뉴미디어 플랫폼을 통하여 콘텐츠를 방구석에서 편리하게 즐길 수 있다고 하더라도 여전히 극장에 직접 가서 자기 돈과 시간을 소비할 관객도 반드시 있을 것이다. 극장에서만 느낄 수 있는 분위기를 누리고 싶은 욕구가 사라지지 않을 것이기 때문이다.

2. 누구나 콘텐츠 창작자가 되는 1인 미디어 시대: 유튜브가 거대한 자본을 흡수하고 있다

이번에는 유튜브가 대중화되면서 생겨나는 현상과 최근 유튜브 콘텐츠의 트렌드 그리고 1인 크리에이터의 비전과 미래에 대해 나누고자 한다.

영화 산업 구조가 극장 상영에서 OTT 플랫폼 영화감상으로 변화했다면, 유튜브에서 각 기업의 광고 예산을 흡수하고 있다. 이제는 TV로도 공중파나 지상파 혹은 종합편성 채널을 보지 않고 유튜브 구동이 가능한 스마트 TV를 활용하여 구미에 맞는 영상들을 골라서 시청한다.

TV 프로그램의 재방송은 물론 생방송 뉴스조차도 유튜브를 통해 보는 것이 가능해졌다. 단언컨대, 스마트폰을 가지고 있는 사람이라면 유튜브를 통해 콘텐츠를 소비하는 시대가 되었다. 정도의 차이는 있을 테지만 남녀노소를 불문하고 매일 밤낮으로 유튜브 영상을 보면서 시간을 소비하고 있을 것이다.

우리가 일상 속에서 유튜브를 놓치지 않고 소비할 수밖에 없는 몇 가지 이유가 있다.

첫째, 우리가 필요한 정보를 유튜브에 검색만 하면 손쉽게 접할 수 있기 때문이다.
둘째, 어떠한 비용을 지불하지 않고도 이용할 수 있는 자유로운 제도 때문이다.
셋째, 알고리즘을 통해 내게 유익하다고 생각되거나 소비하는 카테고리의 연관된 양질의 콘텐츠들을 추천해주기 때문이다.
넷째, 내가 찾는 정보에 대한 콘텐츠가 레거시 미디어에 비해 정제되고 편집된 것이 아니라 날 것의 느낌이 강하며 다소 자극적인 콘텐츠가 이목을 끌고 있기 때문이다.

다시 말하지만, 유튜브의 장점을 언급하는 것이 아니다. 우리가 지속적으로 유튜브 콘텐츠를 추구하고 소비하는 이유에 대해 나열한 것이다.

그렇기 때문에 그저 여가 시간에 킬링 타임용으로 소비하는 어떤 재미 위주의 콘텐츠들뿐만 아니라, 이제는 일류 강사나 학계의 권위자 또는 산업의 종사자 등 정치, 경제, 사회, 문화, 예술, 패션, 교육, 종교, 의료, 철학, 스포츠 등 모든 분야의 콘텐츠들이 매시간 업로드되고 철 지난 정보들이 업데이트되고 있다.

마치, 백과사전과 같은 역할을 하는 유튜브는 어떠한 형식이나 영상의 구성, 포맷의 제한을 받지 않는 '무궁무진한 영상 저장 창고'라고 표현하고 싶다. 그야말로 현존하는 뉴미디어 플랫폼 중 이제 누구도 따라 잡을 수 없는 규모가 되어버렸다.

유튜브 플랫폼이 전 세계를 통합하여 영향력이 커진 가장 큰 이유는 크리에이터들의 자유로운 창작과 수익이 보장되기 때문이다. 즉, 각자의 유튜브 채널에 자신의 콘텐츠를 지속적으로 업로드하는 목적이 모두 다르다.

자신만이 가지고 있는 정보를 제공하기 위함일 수도 있고, 상업적 목적으로 홍보용이 될 수도 있고, 유튜브 플랫폼에서 후원 제도나 커뮤니티를 활용한 비즈니스를 위한 수익 활동을 할 수도 있다는 것이다. 창작력뿐만 아니라 유튜브 플랫폼 안에서 콘텐츠를 창작하고 커뮤니티를 형성하여 구독자들과의 소통이 채널 성장에 매우 중요하다.

유튜브 업계에서 노하우가 뛰어난 미디어 기업 샌드박스네트워크의 말을 들어보자.

요즘의 분위기는 크리에이터들이 특정 플랫폼에 종속되지 않고 자유롭게 플랫폼을 넘나들며 이익을 얻고자 한다. 유튜브나 틱톡 같은 메이저 플랫폼들은 자체적인 제약이 많다 보니 수익 활동에도 한계가 생길 수밖에 없는 게 사실이다. 그 때문에 제약이 없고 보다 자유롭게 창작 활동이 가능한 곳으로 옮겨 활동하려는 것이다.

나아가, 크리에이터들은 이제 기성 디지털 플랫폼을 통한 수익 외에도 자기 창작물로 직접 수익을 창출할 수 있게 되었다. 이른바 OTD가 시작된 것이다. 크리에이터들은 자신의 콘텐츠로 팬덤을 확보하고, 그 영향력을 바탕으로 비즈니스, 마케팅, 커머스(상거래), 커뮤니티, 교육 등의 다양한 방법으로 수익을 실현하고 있다.

이런 도전적인 변화들이 의미하는 것은 무엇일까?

바로 1인 미디어가 아니라 1인 미디어 엔터테인먼트 기업의 도래다. 이제 OTD는 일시적인 현상이 아닌 하나의 트렌드로 자리 잡았다.

인플루언서 마케팅 허브에 따르면, 전 세계적으로 오천만 명의 콘텐츠 크리에이터가 존재하며 이 중 이백만 명은 십만 달러(약 1.3억 원) 이상의 소득을 얻고 있다. 또한, 2021년에만 크리에이터 경제에 13억 달러(약 1.6조 원)의 투자가 이루어졌으며 2022년 크리에이터 경제의 규모도 약 1,040억 달러(약 130조 원)에 달한다고 추정했다.

크리에이터를 기반으로 하는 경제 생태계가 미래의 새로운 먹거리로 부상했음을 이러한 데이터를 통해 엿볼 수 있다. 유튜브는 이제 하나의 산업이 되었다. 흥미로운 점은 유튜브의 무궁무진한 규모에 진입장벽은 없다고 봐도 무방할 정도로 누구나 쉽게 할 수 있는 것이 특징이다.

그리스도인은 각자의 부르심에 따라 하나님의 영광을 위해 살아가는 사람이다. 이제 그리스도인도 시공간의 한계가 없는 유튜브를 활용하여 각자의 사명을 이루고자 한다면 충분히 효과적인 성과를 낼 수 있는 장(Market)이 마련되었다.

유튜브 채널을 성장시키기 위해 필요한 조건은 두 가지가 있는데, 그것은 '꾸준함'과 '인플루언서의 역량'이다(크리에이터가 꾸준하게 지속해서 기획하고 제작을 할 수 있는 상황이 되어야 한다는 전제가 우선적 조건이다).

물론, 기록을 목적으로 한다면 일회성으로 영상을 제작할 수도 있다. 그러나 지속적이지 못한 채널은 채널로서의 가치가 없는 것이 사실이다. 하루에 하나의 영상을 올리든, 일주일에 하나의 영상을 올리든 영상을 업로드 하는 주기보다 더 중요한 것은 '과거에는 했는데 지금도 하고 있는가'에 대한 지속성이다.

여기서 유튜브 영상을 지속적으로 업로드하기 위해서는 인플루언서의 역량이 요구된다. 인플루언서는 크리에이터 본인일 수도 있고 아닐 수도 있다. 크리에이터 자신만의 콘텐츠(잘 아는 분야, 잘하는 것, 인플루언서만이 할 수 있는 무언가)만 있으면 누구나 성공할 수 있다. 일회성으로 끝나는 정보나 지식은 해당하지 않는다. 한 분야에서 오랫동안 일을 했거나, 해당 분야에 자신이 있거나 경험이 많다면 지금 바로 시작할 수 있다. 그리스도인이 선교의 도구로서 유튜브를 활용할 수 있다는 말이다.

유튜브를 하는데 가장 신경을 많이 써야 하는 것이 '기획'이다. 유튜브의 성패는, 결국 기획에 달려있다. 구독자의 니즈(Needs, 요구 또는 욕구)를 만족하는 기획은 조회 수가 많을 수밖에 없다. 기획이 탁월하더라도 실행할 수 있는 추진력은 필수이다. 구독자가 원하는 콘텐츠는 일단 유튜브를 시작하고 구독자가 늘면 소통의 기회가 주어지기 때문에 시작 단계의 기획에 우선 집중해야 한다.

구독자 천 명이 확보되면 이제 댓글을 통해 구독자와 소통할 수 있다. 소통을 잘하는 크리에이터가 기획을 잘 한다. 소통을 아무리 잘하는 기획자도 시작하지 않으면 무용지물이다. 선교의 도구로 유튜브를 활용하고 싶다면 일단 시작하는 것이 중요하다. 시작하지 않음으로써 자신의 재능을 발휘하지 못하는 경우가 많다. 콘텐츠의 장르, 유형, 주제 등 제한이 없으므로, 자신의 상황에 맞게 기획한다면 시작도 어렵지 않을 것이다.

그럼, 기획의 주제는 무엇으로 하면 좋을까?

기획의 주제는 인플루언서에 따라 결정하는 것이 좋다. 위에서도 잠깐 언급했지만, 인플루언서가 잘하는 것을 하면 된다. 정보 제공으로 말하듯이 해도 좋고, 성경을 읽고 말씀을 통해 받은 감동을 나누어도 좋다. 어떤 이슈에 대해 자신의 의견을 표현해도 좋고, 영화나 책, 자신이 경험한 문화 또는 장소에 대해 비평을 해도 좋다.

기획의 주제는 정해진 것이 없고, 무엇을 해도 상관이 없지만 더 중요한 것은 인플루언서의 스토리텔링 능력과 매력도에서 결과는 달라질 것이다. 아무리 재미없는 스토리도 전달하는 인플루언서의 매력이 넘친다면 그 자체로 흥미롭다. 유튜브는 누구나 시작할 수 있지만 누구나 성공할 수 있는 것은 아닌 이유이다.

영상 제작은 과거에 비하면 오늘날 매우 쉬워졌다. 지금 스마트폰 하나만으로 촬영, 편집, 자막, 배경음악 등의 처리가 가능한 시대가 되었다. 유튜브 쇼츠는 업로드 시에 음악을 삽입과 자막, 그리고 필터 사용만으로도 콘텐츠를 업로드할 수 있을 정도로 간단해졌다.

 이러한 기능들은 앞으로 더 간단해질 것이고, 조작도 쉬워질 것이다. 글도 직접 타이핑하지 않고 음성 인식을 통해 자막을 삽입할 수 있는 날이 머지않아 도래할 것이다.

 불과 10년 만에 세상은 아이들부터 어르신까지 모두가 스마트폰을 사용하는 시대가 되었다. 콘텐츠 역시 마찬가지다. 불과 10년 뒤면, 첫 만남에서 이름보다는 "어떤 채널을 운영하고 계시나요"라는 질문이 먼저 나올 수도 있다. 물론 모든 사람이 유튜브 크리에이터가 되어야 한다는 말은 아니다. 책을 쓰거나 강의를 하거나 회사에서 멘토링을 하는 것 모두 크리에이터의 범주에 들어간다.

 중요한 것은 자신만의 콘텐츠가 있다면 그것을 활용하는 능력이 크리에이터 활동의 근간이 되리라는 점이다. 이제 누구든 크리에이터가 될 수 있는 세상이라는 점을 받아들이자. 이를 거부한다면 시대의 흐름에 뒤처지는 것은 시간문제다.

에필로그

1. 좌파 세계관에서 이 책을 쓰기까지

우리 주변을 보십시오!

지금은 성경에 반하는 법들이 입법을 시도하고 있습니다. 여성의 인권이라는 이유로 낙태는 허용되어야 하고 여성 인권의 향상을 위해 페미니즘 운동을 하는 사람들은 흔히 볼 수 있습니다. 국회에서 가짜 평등을 내세운 포괄적 차별금지법이 막히자 교과서를 통하여 반성경적인 교육을 추진하고 있습니다.

대한민국은 1948년 기독교 정신으로 건국된 나라입니다. 대한민국 건국일을 '임시정부수립일'이라고 역사를 왜곡하는 일부 정치인들에게 공교육을 빼앗긴 것도 개탄스러운데 성교육마저 성소수자와 차별금지법에 대한 잘못된 방향으로 다음세대를 죽이게 된다면 대한민국의 미래는 불 보듯 뻔한 일입니다.

건국 이래 중단된 적이 없었던 예배가 코로나 방역이라는 이유로 정부는 일주일에 한 번 모이는 교회의 예배를 중단시키는 사상 초유의 사태가 발생했었습니다.

대한민국 헌법(제20조 1항 모든 국민은 종교의 자유를 가진다)은 종교의 자유를 보장하고 있습니다. 정부는 방역이라는 명분으로 예배를 강제로 중단시켰고 헌법이 보장하는 자유를 묵살해 버릴 위헌적 정책이 세상에 나왔습니다.

> 그러므로 하나님의 전신 갑주를 취하라 이는 악한 날에 너희가 능히 대적하고 모든 일을 행한 후에 서기 위함이라 그런즉 서서 진리로 너희 허리 띠를 띠고 의의 호심경을 붙이고 평안의 복음이 준비한 것으로 신을 신고 모든 것 위에 믿음의 방패를 가지고 이로써 능히 악한 자의 모든 불화살을 소멸하고 구원의 투구와 성령의 검 곧 하나님의 말씀을 가지라 (엡 6:13-17).

저는 여기서 말하는 "하나님의 전신 갑주"는 '성경적 세계관'이라고 생각합니다.

'진리', '의', '평안의 복음', '믿음'이라는 무기를 지녀야만 미디어라는 전쟁터에서 대결할 수가 있습니다. 결투라는 과정이 없이는 승리라는 결과는 없습니다. 반드시 악한 자의 미혹과 내면의 쓴 뿌리들을 소멸해야 비로소 성령과 하나님의 말씀을 가질 수 있을 것입니다.

문화막시즘의 흐름을 연구하면서 저는 목소리를 내지 않을 수 없었습니다. 미래가 불 보듯 뻔히 보였기 때문입니다. 다양한 시민단체들이 때와 시를 가리지 않고 사회에 목소리를 내고 있습니다. 그에 맞서 저는 목소리를 내기 위해 MZ세대가 접근하기 쉬운 영화를 빌려 메시지를 전해야겠다고 결심했습니다.

저라고 여느 MZ세대와 같이 처음부터 개혁, 변혁, 혁명에 대해 경계했던 것은 아니었습니다. 20대 초 영화라는 예술을 공부할 당시 포스트모더니즘과 프랑스의 누벨바그(New wave) 영화들을 보면서 사회를 변혁하기 위한 최고의 도구로 이만한 것이 없다고 생각했습니다.

그렇게 저는 사상적으로 빈부격차와 사회의 불평등, 그리고 권력의 오용과 남용에 대해 분노하게 되었습니다. 질서와 자유를 빼고서 말이죠.

늘 보고 듣는 것이 틀을 깨는 것이다 보니 저의 세계관은 프랑스의 68혁명을 주도했던 막스 호르크하이머와 다르지 않았습니다. 창의라는 이름으로 사회를 해체하고, 얽매이는 것에서 벗어나는 것이 무조건 옳다고 생각했던 시절을 보냈습니다. 그 당시에는 이 사상이 저를 지배했습니다.

"사람이 먼저다"라는 좋은 말을 "자신이 먼저다"라고 오역해서 약자와 노동자의 인권을 보호하라고 외쳤던 시절이 있었습니다. 학과 예산을 감축한다는 학교 본부의 일방적 통보에 대의명분을 가지고 들고 일어난 적이 있습니다.

당시 총장의 횡령 의혹에 분노하여 학과 예산 감축의 이유가 총장에게 있다는 내용의 대자보를 붙여 동문을 선동했던 참으로 부끄러운 과거가 있습니다. 공부를 해서 민족과 나라를 위해 헌신할 생각은 안하고 자신의 올바름을 드러내기 위해 분노와 다툼을 일으키는 것은 옳은 일이 아니라는 것을 몸소 경험한 바 있습니다.

지금 생각해 보면, 정작 "독재 타도"를 외쳐야 할 대상인 '북한의 주체사상'에 대한 문제의식은 전혀 없다는 것이 아이러니합니다. 제자의 부끄러운 행동을 동조해 주고 눈감아 준 교수님들을 탓할 것도 없습니다. 무엇이 중요한지 판단하지 못한 저의 과거이고 회개해야 할 죄라는 것을 이제는 압니다.

학생의 인권을 외쳤던 제가 인생의 불가항력적인 고난을 통해 가장 흉악한 죄인이 바로 나라는 사실을 깨닫고 나니, 내가 외쳤던 정의는 거짓된 믿음이었음을 깨달을 수 있었습니다. 정말 인권을 위해 외쳤다면 북녘 땅에서 자유와 인권에 대한 개념조차 알지 못하는 우리의 형제 자매들을 먼저 생각하는 것이 진짜 정의라고 생각합니다.

지금도 우리의 탈북한 동포가 "인신매매로 팔려갔다가 중국에서 잡혀 북송됐다"라는 소식을 듣고도 자본주의의 피해자라고 주장하는 것이 어찌 정의롭다고 할 수 있겠습니까!

진정한 자유는 하나님이 허락하신 질서 안에서 누릴 수 있다는 것을 경험했습니다. 인간이 꿈꾸는 유토피아를 통해서는 결코 자유를 쟁취할 수 없다는 사실을 깨달은 것입니다.

중세 유럽의 바벨탑 상상화(1563), 플랑드 화가 대 브뤼겔

성경을 보니 인간은 "본질상 진노의 자녀"이며, "의인은 없나니 하나도 없다"라고 분명 말하고 있지 않습니까!

죄인인 인간이 유토피아를 만든다는 것은 바벨탑을 쌓는 것과 같습니다. 바벨탑의 결과는 하나님의 저주와 심판이라는 것은 모두가 잘 아실 것입니다.

저는 '세상은 넓고 할 일도 많다'는 이 말을 들을 때마다 설렙니다. 대우그룹 김우중 회장이 이 땅의 젊은이들에게 하신 말씀입니다. 세계를 무대로 용기 있게 개척하라는 도전 정신의 메시지가 저에게 그대로 전달된 것 같습니다.

세상 속에는 어둠의 세계관이 곳곳에 넓게 퍼져 있습니다. 성경적 세계관으로 무장한 MZ세대가 연합한다면 사회 변혁 운동이 아닌 거룩한 문화운동을 일으킬 줄 믿습니다.

전 세계는 현재 K-Culture의 영향을 받고 있습니다. 저는 머지않아 한국의 감독이 전 세계 선교적인 콘텐츠를 내놓음으로써 K-Culture를 넘어 K-Mission의 시대가 도래할 줄로 믿습니다.

한국의 복음적인 콘텐츠를 통하여 선교 한국의 비전이 속히 이루어질 줄로 믿습니다.

우리 한국인은 북녘땅의 동포들에게 관심을 갖고 그들이 자유를 얻을 수 있도록 도와야 합니다. 생각만 해도 가슴이 아려 오는 우리의 형제자매입니다. 반드시 복음 통일로 이어져야 합니다. 남북은 결코 평화 통일이 될 수가 없습니다. 사실 통일이 된다고 해도 걱정입니다.

"경상도니, 전라도니" 지역 간의 갈등도 해소하지 못하면서 어찌 오랫동안 교류가 단절된 남북이 하나가 될 수 있을까요?

거룩한 문화가 만들어져 있지 않으면 이해관계에 따라 싸움만 하다 주님이 심판하러 오실 것 같습니다. 통일되기 전인 바로 지금이, 우리 자신을 돌이켜 볼 수 있는 마지막 시즌이라고 생각합니다. 우리 다 함께 거룩함을 지켜 곧 오실 주의 길을 예비하는 예수님의 제자로 살아가시면 좋겠습니다.

> 우리의 씨름은 혈과 육을 상대하는 것이 아니요 통치자들과 권세들과 이 어둠의 세상 주관자들과 하늘에 있는 악의 영들을 상대함이라 (엡 6:12).

마지막으로, 어렵고 외로운 길을 지금도 묵묵히 걸어가고 있는 선배, 후배 문화 예술 영역의 사명자들에게 "함께 힘을 냅시다"라는 동료애를 전하고 싶습니다.

이 책을 읽는 분들은 이미 미디어와 예술 문화에 스며든 문화막시즘적 세계관을 분별하고 삶의 영역에서 믿음대로 살아내고 계신 사명자이실 것입니다. 각자 역사 분야에서, 경제 분야에서, 철학 분야에서, 예술 분야에서 고군분투하며 믿음을 지켜나가고 계신 분들을 격려하고 응원하고 싶습니다.

> 일어나라 빛을 발하라 이는 네 빛이 이르렀고 여호와의 영광이 네 위에 임하였음이니라 (사 60:1).

부족한 제가 전능하고 완전하신 하나님을 의뢰하며 이 책을 마치게 되었습니다.

불가능을 가능케 하신 하나님께 오직 영광을 돌립니다.

참고 문헌 & 인용 자료

1. 단행본 (도서)
제임스 사이어. 『기독교 세계관과 현대사상』. 서울: IVP, 2007.
김민호. 『기독교 세계관』, 서울: 리바이벌북스, 2022.
이하영. 『영화 배급과 흥행』, 서울: 아모르문디, 2019.
이정훈. 『성경적 세계관』, 서울: PLI, 2022.
서인숙, 『한국 영화 속 탈 식민주의』, 서울: 글누림, 2012.
안병훈, 『건국 대통령 이승만의 생애』, 서울: 기파랑, 2015.
막스 베버, 『프로테스탄트 윤리와 자본주의 정신』, 서울: 현대지성, 2018.
샌드박스네트워크 데이터랩. 『뉴미디어 트렌드 2023』, 경기: 샌드박스 스토리, 2022.
Buchanan, Pat Griffin, Edward G. *Cultural Marxism-The Corruption of America.* 김승규, 오태용 역. 『문화 막시즘: 미국의 타락』 서울: 이든북스: 한국기독교문화연구소, 2020 (2010).

2. 기사 및 저널
강성률 평론가. "'왕의 남자' 천만 흥행, 도저히 모르겠다" 대자보, 2006.02.21.
김민경 기자. "시사주간지 주간동아" 주간 p54-56, 2006.08.09.
김가희 기자. "괴물의 괴력 집중분석" 「한국경제문화신문」, 2006.08.10.
유성운 기자. "친일경찰에 따귀 맞고 월북? 北 눌러앉은 김원봉의 행로" 「중앙일보」, 2019.04.14.
이화영 박사. "독일, 베트남, 예멘의 통일 사례로 배우는 교훈" 「K스피릿」, 2022.09.19.
손미나 기자, "충무로 액션키드, 베테랑 되다 | 류승완 감독 인터뷰" 「허프포스트코리아」, 2015.09.04.
박욱주 교수, "신앙 성찰의 기회 주는 〈신과 함께: 인과 연〉 속 가택신들", 「크리스천투데이」, 2018.07.29.

3. 논문
김소연. "〈국제시장〉 혹은 어떤 가족 영웅의 뭉클한 도착증에 관한 보고" 126-142, 2015.
정민아. "포스트 코로나 시대 영화관과 영화 산업 전망" 29-49, 2020.
조윤설, 조택연. "밀레네얼 세대의 공간 소비에서 나타난 특징 분석" 413-429, 2019.

4. 인터넷 자료
〈이승만대통령 제1회 제헌국회 대표기도문 1948.05.31〉
〈노무현대통령 제16대 대통령 민주당 후보 국민 경선 출마 연설 2001.12.10〉
〈김구 백범일지 1947.12.15〉

| 추천 도서 |

정분임 지음 | 사륙변형 | 144면

『영화로 보는 신앙』은 교회 다니는 사람으로서 쓴 자성의 글이자 회개의 칼럼입니다.

영화를 통해서 성경과 기독교를 들여다보는 글입니다. 가족, 스포츠계 가혹 행위, 물질, 양심, 죽음, 정치, 사회의 부정, 청년 실업, 가난, 목회자의 삶 등 사회와 종교 생활을 전반적으로 살펴본 신앙 고백입니다. 영화 줄거리, 영화 주요 장면과 대사에 성경 구절을 인용하며 저의 생각을 펼쳤습니다.

사회와 교회를 돌아보며 실생활에서는 누군가에게 쓴소리보다는 위로의 말과 몸짓을 전하는 우리가 되기를 소망합니다.

_저자 서문 중에서